全国职业培训推荐教材
劳动和社会保障部教材办公室评审通过
适合于职业技能短期培训使用

制鞋工基本技能

吴蕴珊　主编
陈　捷　审稿

中国劳动社会保障出版社

图书在版编目（CIP）数据

制鞋工基本技能/吴蕴珊主编. —北京：中国劳动社会保障出版社，2006

职业技能短期培训教材

ISBN 7-5045-4503-1

Ⅰ. 制… Ⅱ. 吴… Ⅲ. 制鞋-技术培训-教材 Ⅳ. TS943.6

中国版本图书馆 CIP 数据核字（2006）第 046693 号

中国劳动社会保障出版社出版发行

（北京市惠新东街1号 邮政编码：100029）

出版人：张梦欣

*

北京市艺辉印刷有限公司印刷装订 新华书店经销

850毫米×1168毫米 32开本 4.625印张 121千字

2006年5月第1版 2013年2月第9次印刷

定价：8.00元

读者服务部电话：010-64929211/64921644/84643933

发行部电话：010-64961894

出版社网址：http://www.class.com.cn

前　言

职业技能培训是提高劳动者知识与技能水平、增强劳动者就业能力的有效措施。职业技能短期培训，能够在短期内使受培训者掌握一门技能，达到上岗要求，顺利实现就业。

为了适应开展职业技能短期培训的需要，促进短期培训向规范化发展，提高培训质量，中国劳动社会保障出版社组织编写了职业技能短期培训系列教材，涉及二产和三产百余种职业（工种）。在组织编写教材的过程中，以相应职业（工种）的国家职业标准和岗位要求为依据，并力求使教材具有以下特点：

短。教材适合 15～30 天的短期培训，在较短的时间内，让受培训者掌握一种技能。从而实现就业。

薄。教材厚度薄，字数一般在 10 万字左右。教材中只讲述必要的知识和技能，不详细介绍有关的理论，避免多而全，强调有用和实用，从而将最有效的技能传授给受培训者。

易。内容通俗，图文并茂，容易学习和掌握。教材以技能操作和技能培养为主线，用图文相结合的方式，通过实例，一步步地介绍各项操作技能，便于学习、理解和对照操作。

这套教材适合于各级各类职业学校、职业培训机构在开展职业技能短期培训时使用。欢迎职业学校、培训机构和读者对教材中存在的不足之处提出宝贵意见和建议。

劳动和社会保障部教材办公室

简　介

本书首先介绍了制鞋工应掌握的基础知识，包括鞋类产品分类、鞋的基本结构部件与名称、制鞋工艺、常用制鞋材料；然后介绍了制鞋过程中的操作技能，包括裁断工段、制帮工段、成型工段的生产设备及使用、工序和工艺、作业管理和质量管理等。

本书通过详细的操作步骤和精心绘制的图片来介绍制鞋工的操作技能，便于读者学习和掌握。

本书适合于职业技能短期培训使用。通过培训，初学者或具有一定基础的人员可以达到上岗的技能要求。

本书由吴蕴珊、桑建华、黄宏志编写，吴蕴珊主编；陈捷审稿。

目 录

第一章　鞋类产品简介

随着科技的飞速发展，经济活动的日益繁荣，社会生活的巨大进步，人们的生活水平不断提高，生活质量越来越高，人们对鞋子的要求也越来越高。时尚的款式与健康的功能成为很多消费者关注的焦点。

制鞋工业属于劳动密集型产业，具有投资少、见效快、生产规模和生产方式灵活多变的特点。随着世界经济格局的改变，劳动密集型产业的中心正逐步向亚洲国家转移。我国依靠丰富的原材料，抓住机遇，迅速发展制鞋业，已成为全球的鞋业中心。世界上很多知名品牌的制鞋企业都在中国设立了工厂。这就需要大批从事鞋子生产的技术工人。

第一节　鞋类产品分类

鞋类产品有不同的分类方法。例如，按用途可以分为民用鞋、军用鞋、运动鞋等；按季节可以分为凉鞋、满帮鞋、棉鞋等；按材料可以分为布面鞋、皮面鞋、胶面鞋等。

一、按用途分类

1. 民用鞋

人们日常穿用的鞋统称为民用鞋，即男鞋、女鞋、童鞋；鞋面通风的称为凉鞋；面与里双层的称为满帮鞋，又称夹鞋；鞋腔内絮有保暖里子的称为棉鞋或棉靴（见图 1—1）。

2. 军用鞋

图 1—1 女棉靴

军用鞋是指各军种、兵种的军官、士兵以及警察穿用的、由国家发放的皮鞋。如飞行靴（见图 1—2)、潜艇鞋、坦克靴、边防滑雪靴以及消防、交通民警靴等。

3. 运动鞋

运动鞋（见图 1—3）是指在健身或竞技体育运动时所穿的鞋。按其性能分为大众运动鞋、专业训练鞋、专业运动鞋等；按运动的类别分为球类运动鞋、跑步类运动鞋、滑行类运动鞋、野外运动鞋、水上运动鞋、特种运动鞋等；按运动场地分为户外行走及跑步的训练鞋、小型球场专用鞋、大型球场专用鞋、田径专用鞋、野外运动鞋、冰雪运动鞋、特种运动鞋等。

图 1—2 飞行靴

图 1—3 运动鞋

4. 劳保鞋

劳保鞋（见图 1—4）是指从事生产建设、科研勘探等公务劳动所穿的工作鞋，或称劳动保护鞋。如铁路与汽车司机鞋、护士鞋、纺织女工鞋、防砸鞋、防油鞋、防刺鞋、防腐蚀鞋、防辐射鞋、地质考察鞋、宇航鞋等。

5. 文艺鞋

供文艺界演员演出（如舞蹈鞋，见图 1—5）时穿的鞋均称为文艺鞋。

图 1—4 劳保鞋

图 1—5 舞蹈鞋

二、按工艺方法分类

1. 线缝鞋

图 1—6 线缝鞋

线缝鞋（见图 1—6）采用线缝的方法将鞋帮与鞋底结合。根据缝制方法的不同，线缝鞋可分为透缝鞋、缝压条鞋、缝沿条鞋、翻绱鞋等。

2. 胶黏鞋

胶黏鞋（见图 1—7）使用胶黏剂将鞋帮和鞋底黏合在一起。胶黏鞋的外底多数是成型外底，容易变换花色品种，而且成品鞋轻巧美观，加工工艺简单，劳动强度低，易于实现大规模的工业化生产。

3. 模压鞋

模压鞋（见图 1—8）是根据橡胶的热硫化性能，在底模中加入未硫化的混炼胶，通过热和压力的作用使橡胶硫化，同时实现帮底结合。模压工艺过程简单，加工速度快；但需要大型专用生产设备，生产过程的能耗高、污染大，产品的成型稳定性和卫生性能较差，属于中低档产品，多用于劳保鞋和军用鞋的生产。

图 1—7 胶黏鞋

图 1—8 模压鞋

4. 硫化鞋

硫化鞋（见图1—9）的生产工艺与模压鞋的生产工艺有相似之处，但在加工过程中不使用底模，而是将未硫化的胶底与帮套结合，然后送入硫化罐，通过热压作用，使胶料硫化成型，并实现帮底的牢固结合。与模压工艺相比，硫化工艺较为简单，生产效率较高，但产品的成型性和卫生性能差，属于低档产品。

5. 注压鞋

注压鞋（见图1—10）是利用塑料、橡塑并用材料和某些橡胶的热流动性，将这类底料采用注射的方法注入底模，在底料成型的同时，实现帮底结合。

图1—9　硫化鞋

图1—10　注压鞋

第二节　鞋的基本结构部件与名称

从整体结构上讲，鞋都是由帮部件和底部件两大部分组成的，但具体到每一类鞋又各不相同。下面以市场占有率较高的皮鞋和运动鞋为例，来说明鞋的主要结构及部件。

一、皮鞋的结构与部件

1. 皮鞋的结构

皮鞋主要由鞋帮、鞋底、鞋跟和辅件四大部分组成。鞋帮包括帮面、帮里、衬料等；鞋底包括内底、半内底、中底和外底等，而它们是由各种零部件组合装配而成的。

在皮鞋生产企业中，习惯上将皮鞋的部件按照其所在的部位进行划分，因而产生了各种部位部件，如前帮部件、后帮部件、底部件等。

按照工艺操作规程和技术要求，将各种零部件组合成部件的过程称为部件装配过程；将各种部件组合成最终产品的过程称为总装过程。

一个产品的完整技术资料，除了生产用的裁断刀模、楦体和原辅材料的样品外，包括设计技术资料和工艺技术资料。设计技术资料包括产品的实物照片或彩色立体效果图、帮部件图、里部件图、底部件图、鞋跟部件图、部件组合图、全套生产样板（包括扩缩后的样板）及设计思想等；而工艺技术资料包括部件组合过程图、工艺流程图和涉及各加工工序的操作规程、所使用的机器设备和工具、技术要点和质量检验标准等内容的工艺说明书。

2. 鞋的部位

制鞋工艺理论中将相对于脚的上、下、前、后、左、右的不同位置称为鞋或鞋楦的部位，如第一跖趾部位、第五跖趾部位、腰窝部位、踵心部位、踝上部位、腿肚部位、里外踝部位等。

3. 鞋的部件

皮鞋的部件是由零部件组合装配而成的，有的零部件本身就是部件。零部件的名称是由其形状（如鞋耳、鞋舌）、所处的部位（如前帮、后帮）、所起的作用（如保险皮）或所用的材料和性质（如松紧布）等所决定的。各主要零部件在成鞋中所处的位置见图 1—11。

(1) 鞋帮。除底部件和鞋跟部件之外的其余部分称为鞋帮。鞋帮由帮面、帮里、衬件和辅件等组成。根据其所处的部位或功能，组成帮面的零部件主要有前帮、中帮、后中帮、后帮、靴筒

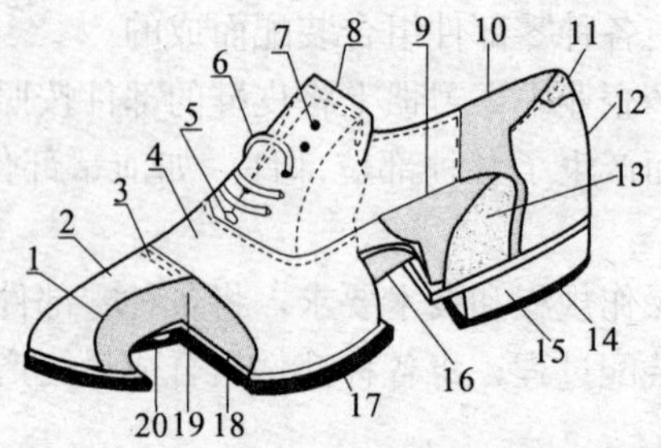

图 1—11 鞋的零部件

1—内包头 2—包头 3—缝帮线 4—中帮 5—锁口线 6—鞋带
7—鞋眼 8—鞋舌 9—后跟垫 10—后跟里 11—保险皮 12—后帮
13—主跟 14—鞋跟面 15—鞋跟 16—勾心 17—外底
18—内底 19—前帮里 20—鞋垫

和辅件等。

1）前帮是指包裹在脚背前部的部件。由于皮鞋款式的不同，前帮部件的名称也是多种多样的，如前帮盖、前帮围、包头、横条皮、鞋舌、鞋耳、前条皮等。

2）中帮是指前帮小趾端点以后、后帮以前的部件。

3）后中帮是指鞋耳与外包跟之间的部件，主要用于耳式鞋。

4）后帮是指包裹在脚跟部位的部件，包括外包跟、保险皮、提带皮等。

5）帮里部件。除帮面外，组成鞋帮的还有帮里部件。帮里部件包括条带式帮里、整帮里、前帮布里、后帮皮里、鞋垫、后跟垫、鞋舌里、护耳皮、护口皮、靴筒里等。从鞋的卫生性能、穿用舒适性能及美观等要求来看，帮里部件应具有吸湿、耐磨、耐曲折等性能，有一定的支撑作用，外露部位美观。

6）衬件是指夹在帮面和帮里之间的起支撑、定型和保护作用的部件，如主跟、内包头、合缝衬布等。

7）辅件是指鞋带皮、鞋钎皮、沿口皮、编织件、穿条编花皮、装饰件、嵌线皮、毛口等。

（2）鞋底。鞋底由外底、内底、半内底、中底等零件组成。从材质上看，外底主要有皮底、橡胶底、塑料底、橡塑底和 PU 底五类。中底主要用于军用鞋、劳保鞋等重型鞋靴。底部件还有内底、内底边包边皮、统包内底皮、半内底、前掌、前插掌等。

（3）鞋跟。从材质上看，鞋跟可分为皮跟、胶跟、木跟和塑料跟四类。鞋跟部件包括包鞋跟皮、鞋跟里皮、鞋跟面皮、插鞋跟皮、鞋跟围条皮等。

二、运动鞋的结构部件与名称

同皮鞋相比，运动鞋的外观结构与其基本相同，而内部结构有较大差异。从部件的名称上既有相同的称呼，又有不同的规定。运动鞋由底部件、帮面部件两大部分构成。

底部件由外底、中底、内底组成。中底是运动鞋功能设计的重点部件，对一些具有特殊功能的运动鞋来讲，中底还可以由其他多个部件构成。

帮面分为外帮与里帮，帮部件还可以由前帮、中帮、后帮组成，构成帮部件的还有鞋眼片、鞋带、鞋舌、装饰件等。

下面以热硫化法运动鞋和冷黏法运动鞋为例，说明运动鞋的主要构成部件。

1. 热硫化法布面运动鞋的主要部件

热硫化法生产的运动鞋是我国 20 世纪 80 年代以前的主要品种，多见于篮球鞋、羽毛球鞋、中长跑类跑步鞋等。但是产品档次相对较低、附加值不高，难于满足专业运动鞋特殊的性能要求，比较适合大众化健身运动的需要。热硫化法布面运动鞋的主要部件见图 1—12。

2. 冷黏法皮革面运动鞋的主要部件

冷黏法皮革面运动鞋的主要部件见图 1—13。

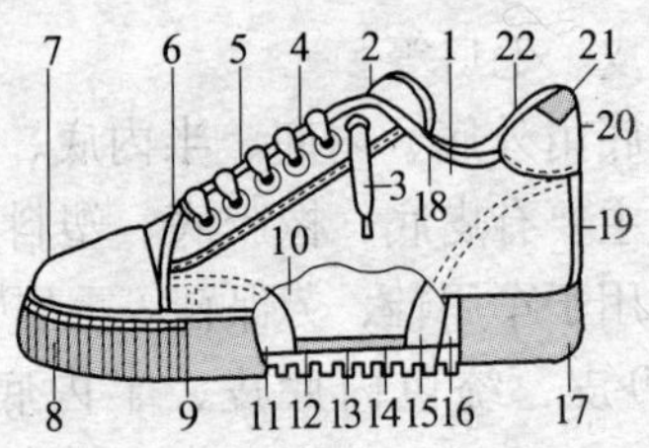

图 1—12　热硫化法布面运动鞋的主要部件

1—鞋帮　2—鞋舌　3—鞋带　4—包边　5—鞋眼　6—鞋眼片　7—外包头　8—大埂子　9—前外包　10—内里布　11—护趾布　12—内底布　13—海绵内底　14—橡胶外底　15—内后跟　16—后跟内围条　17—后跟外围条　18—鞋舌内里　19—后帮中缝　20—后口皮（眉片）　21—滚口海绵　22—统口衬

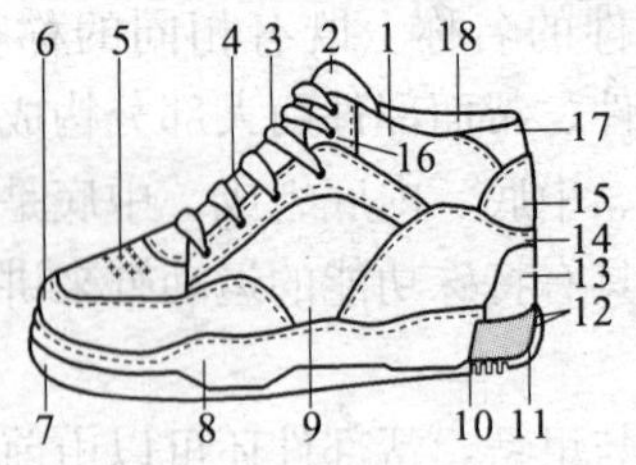

图 1—13　冷黏法皮革面运动鞋的主要部件

1—鞋帮　2—鞋舌　3—鞋带　4—鞋眼衬　5—透气孔　6—外包头　7—大底（挡泥板）　8—围墙　9—帮面补强部件　10—大底止滑花纹　11—中底　12—内底　13—后跟护套　14—外后跟　15—后跟补强部件　16—鞋眼片　17—后领口　18—统口里布

3. 运动鞋主要部件的作用

运动鞋企业有自己的专业术语，这里列举一些常用的专业术语，与皮鞋相同的部分不再介绍。

（1）鞋舌。运动鞋的鞋舌属于鞋面的一部分，是鞋帮脚背部位的舌形部分。其作用是调节鞋帮与跗面之间的松紧关系；提供跗面良好的舒适性；防止鞋带对跗面的割勒。为了避免鞋带的压力过度施加在脚背上而引起不适，可在鞋舌内塞入海绵。该部位也是品牌商标的贴放处。为了穿鞋方便，可以在鞋舌上设计一些手指能够穿过的孔洞，穿鞋时可用手指钩住这些孔洞，以免鞋舌滑入跗面两侧，或被踩入鞋腔中。

（2）鞋头护墙。减缓磨耗、挡泥，起保护作用。

（3）鞋眼衬。是加固鞋眼的衬垫部件，能够增加鞋眼片的强度，防止在系带时用力过大而引起眼片撕裂和鞋眼的脱落。

（4）护趾布。是加固鞋帮跖趾部位的衬布，属于鞋帮里部件的补强部件。

（5）外后跟。是加固鞋帮后跟部位外面的护盖部件，具有增加后跟稳定性的作用。

（6）后口皮。是后统口外层上沿的部件，习惯称其为眉片。对后跟结帮起强化作用，防止后统口撕裂。

（7）沿口条。是封闭鞋帮部件边缘的条带，将鞋帮的边沿毛边包裹住，使之光滑、美观，并防止材料边沿的脱落，强化部件边沿的抗撕裂强度。

（8）外后跟条。是加固鞋帮外层后跟合缝的条带。

（9）内后跟带。是加固鞋帮里层后跟合缝的条带。

（10）包跟布。是包裹后跟的布层。

（11）腕口皮。沿着鞋口部位，使用泡棉类的轻质发泡材料，填塞在帮里与帮面之间，提供踝关节附近较舒适的穿着感受。

（12）补强腰带。是鞋帮硬部的带形补强部件。一般设计在腰窝部位。

（13）防水布。粘接在硫化运动鞋统口或开口处，起防水作用的胶布部件。

（14）防砂布。是连接前后帮，或附加在鞋口上防止沙土进入鞋内的部件。球鞋使用较多。

（15）鞋舌衬垫。是鞋舌里层或夹层的衬垫部件，具有良好的柔软性和保护性。

（16）后跟衬垫。是鞋帮后跟部位里面的衬垫部件，起定型、增强后跟部位的帮面强度、稳定性、矫正控制翻转等作用。

(17) 统口衬垫。是靴、鞋统口的衬垫部件。

(18) 松紧布。是能伸长又能复原的夹胶丝织物，能自动调节帮面的伏脚性，代替鞋带，控制统口的大小，使得穿脱方便。

(19) 鞋眼。是用以穿鞋带或通气的孔眼部件，能够固定鞋带及其位置，具有一定的装饰性。

(20) 鞋眼片。是沿鞋眼孔所缝接的补强片，能够防止鞋眼脱落，增强该部分帮面的抗拉强度。

(21) D字形鞋环。把鞋眼孔改成D字形环圈，可提高系鞋带的速度，丰富帮面的视觉效果。

(22) 后跟套。通常是用热可塑性材料制成的，摆放时沿着脚跟部位，从内侧绕经后侧再绕至外侧。提供整个后跟部位支撑稳定的效果。

(23) 鞋卡。用以卡住鞋带带状部件的卡子，与鞋眼的作用相同。

(24) 鞋扣。用以扣住鞋帮的搭扣。

(25) 标志。是载有商标图案、文字或其他标志的部件或图形。

(26) 鞋底。是外底、中底、内底的总称。包括以下几种：

1) 压延底。用压延机压延出型胶片，再切割成大底的形状。

2) 模压底。用模具将橡胶硫化或将塑料加热塑型制成的外底。

3) 微孔底。利用发泡性能材料而制成的鞋底。成型时使材料的分子之间产生气泡，以降低材料的相对密度。

4) 复合底。用两种或两种以上不同性能材料贴合而成的鞋底。

(27) 楔形插底。是插在复合底中层，增加底后跟部位厚度的楔形部件。

(28) 中底。在内底与外底中间的底。提供减振性、稳定性和弯曲性，是运动鞋中最重要的部分。

(29) 中插。中底的一部分，插在中底的某个部位。

(30) 楔形中插。为了强化中插的减振效果，在后跟部位加上的一块楔形的减振材料。

(31) 小衬底。是填平帮脚和黏合外底与内底的部件。

(32) 内底。是与脚底接触的底，置于中底或中插之上。

(33) 内底布（革）。是在内底上所贴的布（革）。

(34) 海绵内底。具有海绵状的弹性内底，常见于硫化运动鞋。

(35) 外包头。贴附在脚趾部位鞋帮表面的护盖部件。

(36) 内头皮。贴附在脚趾部位鞋帮里面或夹层的补强、支撑、定型部件。

第三节　制鞋工艺概述

一、制鞋工艺的构成

制鞋工艺在生产中是一种比较复杂的工艺技术。制鞋工艺分为制帮工艺、帮底合成（总装）工艺和工艺设计三部分。

制帮工艺是将原材料按设计样板的要求，裁剪成鞋帮所需要的各种零部件，再经过技术加工，处理整型，由零散部件装配成整体鞋帮的全过程。所以，制帮工艺可分为裁断和部件整形装配两部分。

帮底合成（总装）工艺是根据工艺规程、技术标准的要求，通过各种科学技术加工及辅助材料的作用，把完整的鞋帮与底部件和辅件组合成成品鞋的过程。它包含底料加工工艺和帮底组合装配工艺两部分。

鞋的品种繁多，花样变化无穷。不同品种都有各自不同的内在与外观的质量要求，特殊品种的鞋有特殊性能的要求。一双鞋的完美在于它的总体设计，即总体结构造型与工艺设计。而工艺设计是总体结构造型设计实现的保证。鞋不是鉴赏品，而是人们广泛穿用的生活必需品，多为厂家批量生产，所以，不仅设计者需要懂得工艺设计，而且鞋厂的生产组织者和工程技术人员也需要掌握工艺流程的设计和工程文件的制定。

工艺设计是制帮工艺与帮底合成（总装）工艺有机的结合，是将设计付诸生产实践的过程和保证。三者是相辅相成的。

二、制鞋工艺流程

由于设备状况和人员技术等方面的限制，各企业在实际生产中所采用的工艺流程可能略有差异。这里用图片的方式对胶粘鞋的工艺制作流程进行说明。

1. 鞋面加工组合流程

（1）领料。领取鞋子的面料以及配件材料。

（2）裁断。将一只鞋面所有部件利用刀模及裁断机将材料裁切出各部件形状，见图1—14。

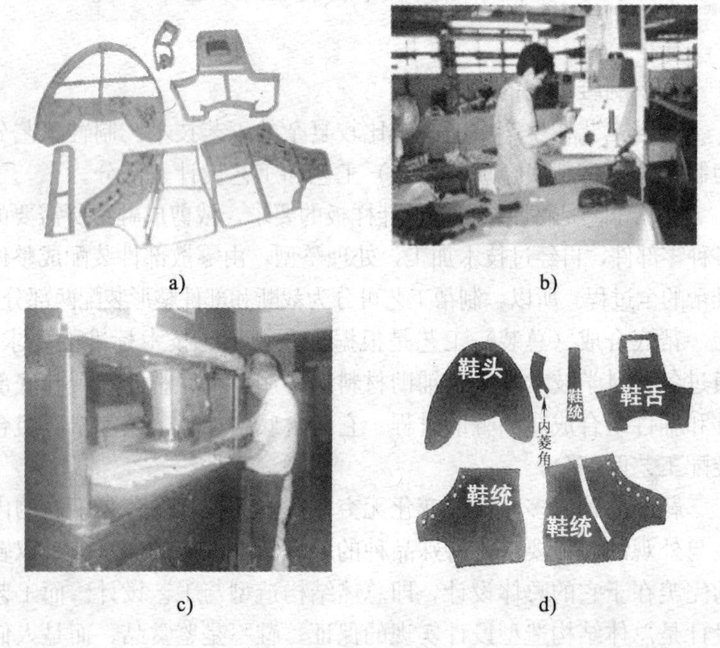

图1—14　裁断

a）裁刀刀模　b）面料的裁断　c）辅助材料的裁断　d）裁切好的样片

（3）品检配色。检查皮面是否有瑕疵或缺角，并将一只鞋面的各部位颜色搭配均匀，贴对号标签，见图 1—15。

图 1—15　品检配色

（4）备料。依据订单要求，对裁好的鞋面印刷商标货号，见图 1—16。

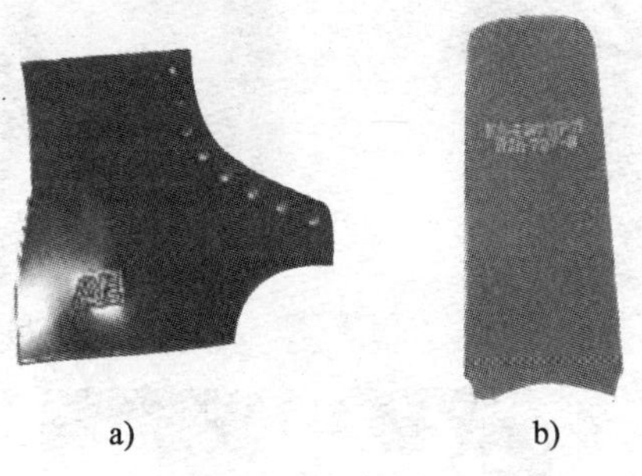

a)　　b)

图 1—16　备料

a）烫印　b）印刷

（5）片边。对皮料有两层厚度重叠车合处或皮料折边位置，必须将皮面局部削薄，以利于针车作业品质及穿着舒适度，见图 1—17。

（6）针车组合。各部位鞋面针车组合：将裁断备料完成的各部位鞋面和内里，利用针车及配合手工作业，将鞋面一片片组合完整，见图 1—18。

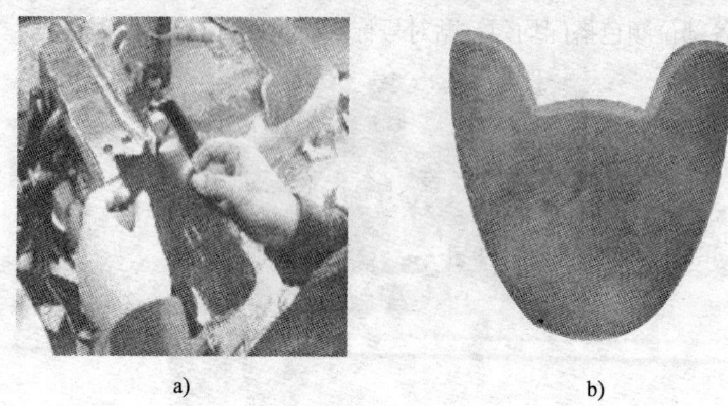

a)　　　　b)

图 1—17　片边

a）机器片边　b）片边成品

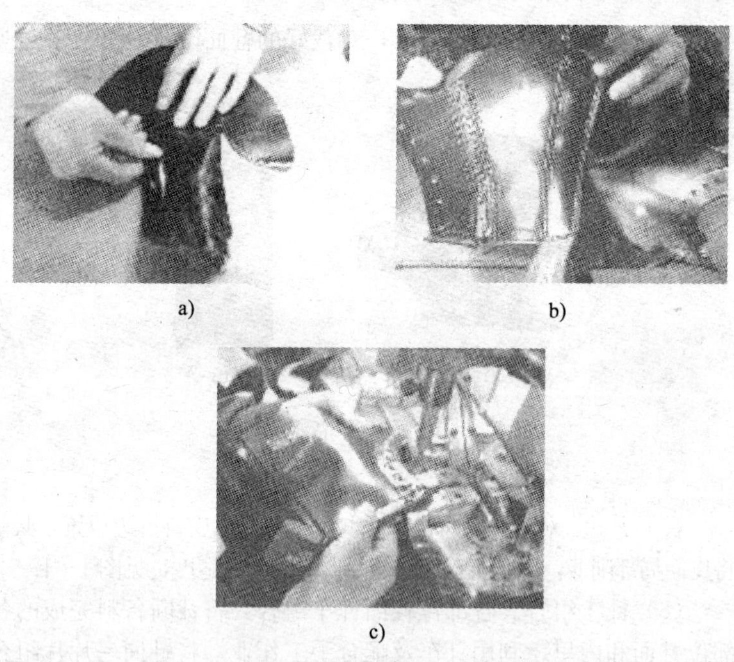

a)　　　　b)

c)

图 1—18　针车组合

a）手工粘鞋舌　b）针车车缝帮套　c）钉装鞋眼

（7）鞋面烘线检查。鞋面经针车完成，必须把车缝线头修剪烘烧干净，检查鞋面针车的质量是否良好，以便进行后面的帮底成型，见图1—19。

2. 胶黏法帮底组合

（1）钉中底。将中底与楦底先钉合在一起，见图1—20。

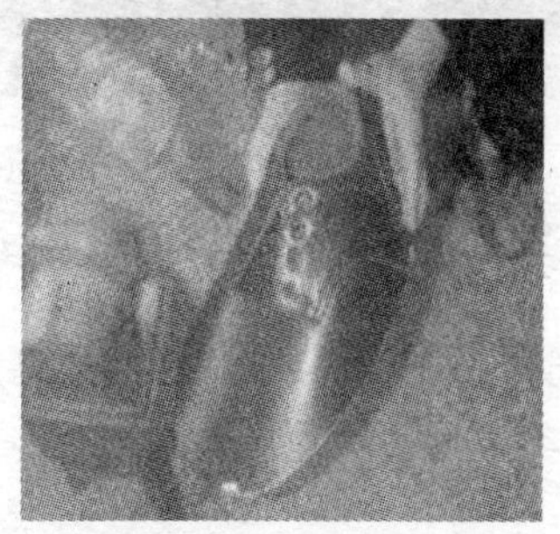

图1—19　鞋面烘线检查

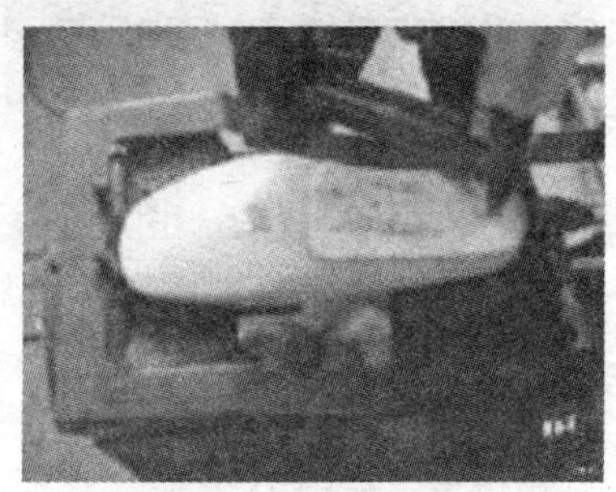

图1—20　钉中底

（2）绷帮。将放好的主跟及内包头的帮套在楦体上，利用绷帮机拉帮成型。也可用手工绷或塞楦式直接成型，见图1—21。

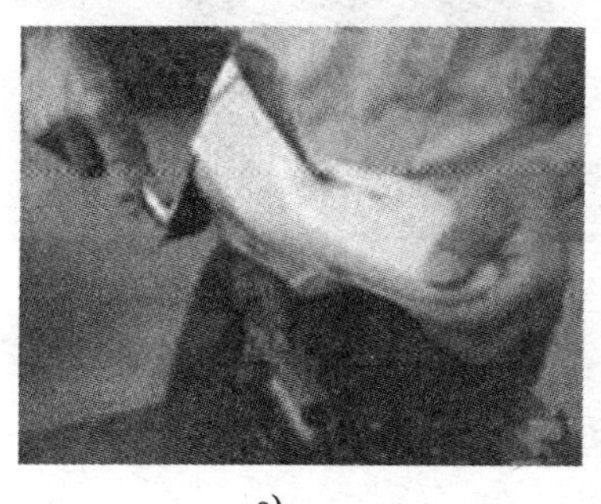

a)

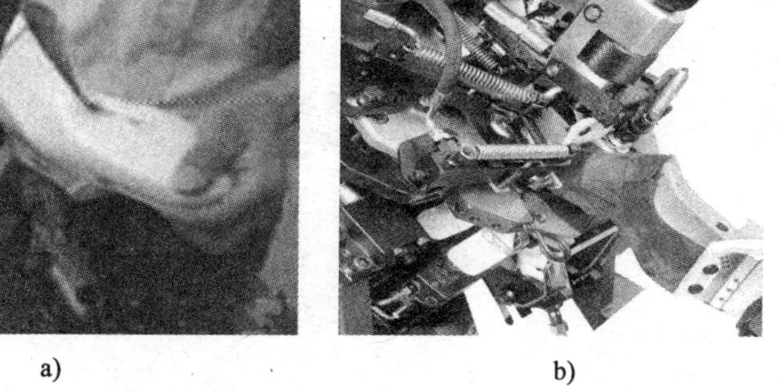

b)

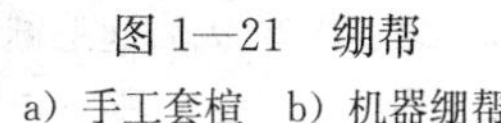

图1—21　绷帮

a）手工套楦　b）机器绷帮

（3）绷腰窝后跟。内底及帮脚刷胶，利用手工及绷后帮机将鞋面帮脚与内底黏合固定，并将中底钉拔除，见图1—22。

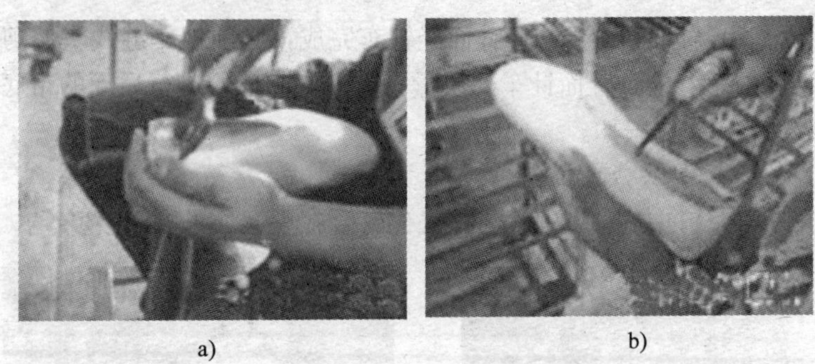

a) b)

图 1—22 绷腰窝后跟

a）刷胶后手工绷腰窝和后跟 b）拔中底钉

（4）帮脚/大底起毛刷胶。帮脚与大底黏合处，需先砂磨起绒；然后根据鞋面、大底材料进行药水处理后，再分别刷胶，进烘箱烘干，见图 1—23。

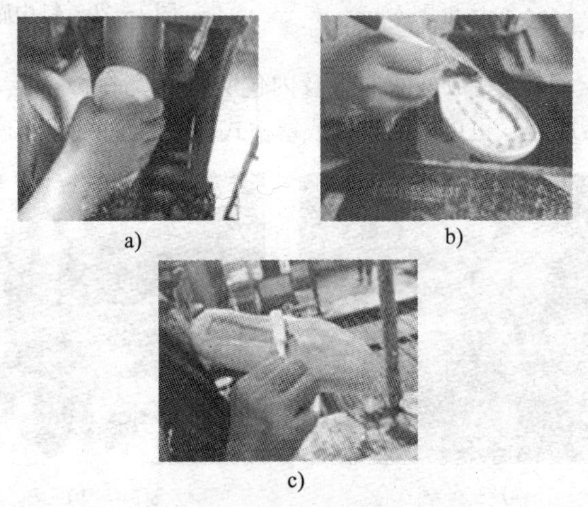

a) b) c)

图 1—23 帮脚/大底起毛刷胶

a）机器砂磨 b）进行药水处理 c）帮脚刷胶

（5）合底。帮脚、外底刷胶，经过烤箱烘干后，两者黏合并经过机器压合，见图 1—24。

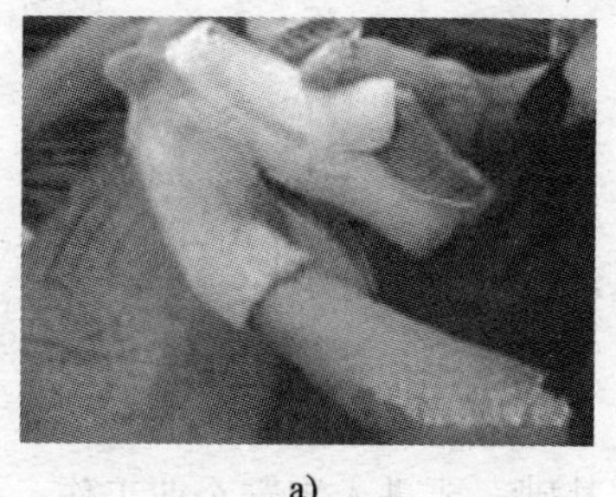

a)

b)

图 1—24　合底

a）黏合外底　b）压合

（6）拔楦成型（见图 1—25）。

a)

b)

图 1—25　拔楦成型

a）脱楦　b）成品鞋

习　题

1. 鞋子是如何分类的？各有哪些品种？
2. 皮鞋常用的部件名称有哪些？
3. 运动鞋常用的部件名称有哪些？
4. 胶黏鞋的生产工艺流程由哪些主要工序构成？

第二章　常用制鞋材料

制鞋材料是构成鞋子的物质基础，要进入制鞋企业工作，必须对鞋材有一定的了解和认识。制鞋所使用的材料非常广泛，大致可以从鞋的结构与功能方面予以划分，主要有帮面材料、大底材料、中底与内底材料、胶黏剂、功能材料、辅助材料等。

第一节　鞋帮材料

可用于制鞋的帮面材料品种很多，经常使用的帮面材料主要由面材与里材两部分组成。面材使用量较大的是皮革、合成革、再生革、帆布、网布、咔叽、哔叽等纤维织物、高分子材料、塑料等。里材使用量较大的是棉布、针织布、无纺布、网布、毛巾布、天鹅绒布、内里布、衬布、海绵等。

一、鞋面用材料的要求

由于消费者对鞋子功能性和舒适性的要求越来越高，如排气、排湿、除臭、保健、导汗、防水、高弹性的收缩等功能，使鞋面用材料必须尽可能满足越来越多的需求。

1. 鞋面用材料应具有较好的透气性和吸湿性，以保证脚汗充分排出。否则，脚汗的侵蚀不仅造成鞋过早损坏，还会引起脚部皮肤病，甚至导致运动伤害。

2. 鞋面用材料应具有较好的伸长变形性，但永久变形性小。这样鞋可以随着脚的膨胀和收缩变形后又恢复到原状，从而保证鞋具有固定的形状。人们长时间运动以后，脚尺寸变大，休息

(儿其是经过睡眠）后会恢复到原来的脚尺寸，如果鞋不能适应脚的变化而伸缩，就会使人脚受到挤压，甚至发生供血困难。

3. 为了提高鞋的使用寿命，鞋面用材料应当具有一定的耐水性、耐热性、耐紫外线老化性、耐寒性和防霉性。

4. 鞋面用材料的外观应美观大方，色彩艳丽且均匀，表面纹路清晰、无明显缺陷。

5. 鞋在穿着过程中，要承受多次弯曲变形、摩擦、拉伸，帮面受到比较强烈的扭拉、撕裂和冲击，故要求鞋面用材料有必要的拉伸强度、抗撕裂强度、耐磨性和承受多次弯曲变形的能力。

6. 鞋面用材料必须适应多种制造工艺的要求，如应具有必要的成型性和黏结性，能够承受一定温度的作用，以便于成型加工。同时应具有一定的柔软性和干爽的手感，以保证穿着舒适性。

7. 在运动过程中，人脚与鞋里表面将连续激烈地摩擦，从而在脚部皮肤上形成大量静电聚集的现象。静电会刺激出汗，使人感到不适，所以，鞋面应具有抗静电的能力。

8. 运动鞋面用材料的制造过程应尽量避免加入有害物质，以防穿着中对人脚造成损害。

二、鞋面用主要材料

1. 天然皮革

“皮”与“革”两者的概念不同。“皮”是指从动物体上剥下的体表组织，未经过任何化学和物理机械处理的皮，一般称其为生皮，是制革用的原料皮。“革”是指生皮经过一系列化学和物理机械处理后，具有一定使用性能的产品，也称为皮革。皮革是制鞋的主要原材料之一，而且是高档鞋帮面常用的原料。为了与合成革、人造革等仿革材料区别，把皮革称为天然皮革。

生皮变成革后，结构与性质也发生了变化，适于制造鞋、包、箱、件等皮革制品。其主要特点如下：

天然皮革具有较好的耐温性（－20～85℃）；天然皮革内的纤维由于受到适当的分离，所以，革的透气性能和透水汽性能增加，革的卫生性比皮好，穿着时人感到舒适；皮革具有较好的物理力学性能，比生皮耐曲折，不易断裂；皮革比生皮有较好的耐化学药品和微生物的作用。

天然皮革以柔软、透气、耐磨、强度高等优点受到人们的青睐。它结实挺括，透气性和吸湿性好，质量轻，弹性好，对人体无不良作用，是制鞋帮面首选的上等材料。其缺点是存在较大的部位差，表面伤残，力学性能具有明显的异向性，厚薄不够均匀等。因此，在制作鞋面时，应充分注意其优缺点对成鞋的质量、使用状况的影响。

皮革按动物原料皮的来源划分为牛、猪、羊、马、驴、骡、骆驼、狗等饲养牲畜的皮，也有鹿、黄羊、羚羊等野生动物的皮，还有海豹、河马、鲨鱼、蛇、蟒、鳄鱼等动物的皮。按照制革方法分为有机类（如植物鞣革、合成鞣革、醛类鞣革、油鞣革、其他鞣革等）和无机类（如铬鞣革、铝鞣革、铁鞣革、锆鞣革、钛鞣革等）。按照制革生产习惯分为轻革和重革。按照皮革剖层分为顶层革、二层革、里层革等。

高档皮鞋常采用牛、羊、猪的正面革，中档鞋则常采用牛二层革，也有用上述革与人造革或纤维织物、合成革等配合使用的。高档运动鞋可采用柔软耐折的羊皮。同一张皮中，背部、臀部革质比较好，可以用于制作运动鞋的整前帮、前帮围、后帮、后帮耳等；颈部和腹部的革质较差，可用来做贴花条、绊带、后帮镶跟、沿口条皮、装饰体、后帮垫皮等。

天然皮革多适用于鞋冷黏法和模压法工艺，而不适用于热硫化粘贴法（硫化温度 120℃左右）。因为天然皮革的收缩温度一般为 60～85℃，超过收缩温度，皮革就会产生很大的收缩变形，造成皮鞋的外观与质量很差。

2. 人造皮革

天然皮革具有透气性能好、弹性强度高等优点，在鞋生产中获得了广泛应用，但受到其来源有限、价格较高等因素的制约。它的代用品——合成高分子材料的发展满足了人们对皮革材料需求量不断增多的要求。利用高分子合成技术制成的具有天然皮革某些特征的材料，人们称其为人造皮革。人造皮革分为人造革和合成革两类。

人造皮革经过漫长的发展过程，首先获得成功的是聚氯乙烯人造革，后来发展到具有优良综合性能的聚氨酯人造革、聚氨酯合成革，以及低氮硝化纤维素人造革、泡沫聚氯乙烯人造革、聚酰胺合成革、氨基酸合成革等。在鞋生产中大量用到的是聚氯乙烯人造革、聚氨酯人造革、聚氨酯合成革等。

人造革和合成革都是利用化学反应通过人工合成方法进行生产的非天然皮革。人造革是以纤维织物作基材，以合成树脂为原料作面层，采取涂覆工艺制成外观类似皮革的复合材料。合成革在组成、结构和性能上模拟天然皮革，以经高分子聚合物处理使纤维呈有隙粘接的三维无纺布为基材，表面是带有聚氨酯微细多孔的面层，或者表面是带有装饰性功能的表皮。两者所使用的革面材料也不同，人造革所用的高分子材料有聚氯乙烯和聚氨酯；而合成革所用的高分子材料为聚氨酯。

三、鞋用织物材料

鞋用织物材料品种较多，主要有棉帆布、人造纤维织物、尼龙网眼布、泡沫尼龙、防雨尼龙府绸等。其中有些织物属于新产品，尚未规范化。织物类在皮鞋和运动鞋上都有应用。

1. 鞋用帆布

帆布是一种粗糙的织物，由二十支、十支或十支以下捻在一起的纱线编制而成，因最初用于航帆而得名。帆布分为两类：一类由麻纤维织成，另一类由100%的棉线织成。帆布主要用于运动鞋。运动鞋多用棉帆布。棉帆布分为本色棉帆布和漂染棉帆布。运动鞋用本色棉帆布品种规格较多，并逐步形成系列。帆布的经纬纱由多股线组成，最少的是双股，最多的是 18 股。帆布的特点是布身紧密厚实、坚牢耐磨、布面整齐、手感硬挺。帆布品种按不同的用途和要求进行设计和生产。帆布品种按纱支粗细、经纬密度和织品的特点，分为粗帆布（纱号 111 以上）、细帆布（纱号 111 以下）和漂染帆布三类。

运动鞋用帆布主要是细帆布和漂染帆布，这些帆布具有布身细密、干整结实、坚固耐磨等特点。运动鞋用帆布的原料，传统采用纯棉纱，近年来有用棉维混纺纱或棉维混并纱织制的，可利用两种纤维颜色的不同，使布面呈现花纹，少数也有用纯合成纤维纱织制的鞋用帆布。

2. 其他纺织类材料

(1) 网布（网眼布）。网布最明显的特点是布面在织造中，经线与纬线在交织处相互限制，可以具有较多、较大的孔。由于织法和经线与纬线的织造方向的不同，所形成的孔的形状有正方形、长方形、三角形、菱形、等边多边形等。根据组成结构可以将网布分为单层、双层和复合网布。

由于网布的织线之间存在较大的孔，织线承受较大的作用力。因此，网布材料一般选用抗断裂强度大、弹性高的合成纤维，如丙纶、涤纶、尼龙、腈纶等。

在实际生产中，可以在网布的反面覆合海绵等具有弹性、具有良好透气性的其他材料。由于网布花纹清晰，色泽鲜艳，耐穿耐用，透气性好，质量轻，柔软舒适，被大量用于运动鞋的帮面和帮里。

(2) 绒布。绒布是由一般捻度的经纱与较低捻度的纬纱交织而成的坯布，经拉绒机拉绒后表面呈现蓬松绒毛的织物。

绒布以拉绒面的不同，可分为单面绒布（即哔叽绒）和双面绒布。

绒坯布一般经染整加工后，具有手感松软、保暖性好、吸湿性强、穿着舒适等特点，可做运动鞋里衬料。

绒布除了单面绒布和双面绒布以外，还有斜纹绒布、厚绒布等类别。由于厚绒布具有手感松软、保暖性好等特性，所以，作为鞋里衬料的绒布主要指的是厚绒布。

1）天鹅绒是表面具有绒圈或绒毛的单层起绒类丝织物。天鹅绒有素、花两类，表面全部是绒圈的称为素天鹅绒；将部分绒圈按绘制的花纹割断成绒毛，使绒毛与线圈相间构成花纹的称为花天鹅绒。它是以桑蚕丝为主要原料，用桑蚕丝做经、棉纱做纬交织的，在组织上，以桑蚕丝为绒经起出绒圈。如 18652 天鹅绒，经丝与纬丝均先经脱胶或半脱胶，染色、加捻后织造。

天鹅绒的色彩以黑色、酱紫色、杏黄色、蓝色、棕色为主。天鹅绒具有绒圈或绒毛浓密耸立、光泽柔和、轻巧、柔软、质地坚牢耐磨、舒适等特点，常被用来制作中、高档出口运动鞋的里料。

2）金丝绒属于绒类织物，是由桑蚕丝和粘胶丝交织的经起绒丝织物。其特点是：绒面绒毛耸密浓簇，毛绒长度比其他丝织物长，其绒毛稍有顺向倾斜，而且不如其他丝织物干整，绒面富有光泽、丝光柔和、华丽美观，绒身柔软而富有弹性，质地较坚实。如用桑蚕丝作地经地纬的品种，质地更坚实。

金丝绒是一种高级丝绒，一般可以做中高档鞋面料的装饰材料。金丝绒不宜水洗、重压，不然会影响鞋帮面的美观。

3）芝麻绒是一种单面拉绒有色织物。因其绒面呈现芝麻状，故称为芝麻绒。芝麻绒主要用于运动鞋的夹里料。

（3）维纶和棉混纺布。维纶和棉混纺布的特点为：结实耐穿，耐磨性比棉帆布强，比同样组织规格的棉帆布强力提高25％、耐磨性提高 1.5～2.0 倍；吸湿性好，穿着舒适，比同样组织规格的棉帆布紧密厚实、质地轻、保暖、耐酸、耐碱、耐日晒、耐辐射、耐霉变、耐虫蛀。这类布的另一个品种是维纶布，其性能与维纶和棉混纺布相同。

（4）牛仔布。牛仔布主要用于硫化运动鞋的帮面，或运动鞋的帮面装饰材料。牛仔布具有耐磨、耐脏、吸汗性好、透气性强、价格便宜、风格别致等特点。

牛仔布按照织法分为二片综平纹布、三片综斜纹布、四片综卡其、八片综或龙头织提花布等，也可分成轻磅牛仔布、重磅牛仔布等。

（5）羽绸。羽绸是用细号棉纱以经面缎纹组织织制的织物，染整后色泽乌黑光亮，布面风格像绸缎。主要用于运动鞋的滚条布、装饰布等。

（6）针织物。针织物具有松软、弹性好、手感好、透气性好等特点。生产的多种合成纤维针织物经过整理后，克服了缺乏机织物挺括的缺点，并保持了针织品弹性强、手感柔软和透气性好的优点，加之具有花色品种丰富、新颖等特点，被广泛应用于鞋里材料。

针织物中常用于运动鞋里布的是驼绒针织物（又称骆驼绒）、毛巾布等，二者多用于滑雪鞋、滑冰鞋等保暖性要求高的运动鞋。驼绒针织物的特点为：表面绒毛丰满，质地松软，保暖性和延伸性好。毛巾布的特点为：表面柔软，透气性强，质地柔和，保暖性强。

（7）鞋用复合织物（合布）。鞋用复合织物就是将鞋帮面、中间衬料和里布复合在一起的鞋用材料。面料和里布的黏合是重要的工艺环节，这种黏合方法称为合布。这种鞋用材料的特点是：鞋帮的整体性强、轻便柔软、透气又透湿，耐穿耐用；主要用于运动鞋的面和里，从而提高了运动鞋的生产效率和质量。

但是在鞋的生产中，合布是在面布和里布之间夹入一层不透气的黏合材料，因而阻碍了鞋腔中脚汗的透散，造成布面胶鞋在穿着过程中出现“闷、潮、臭”等问题。而且合布工艺繁琐，对环境产生不同程度的污染。另外，成品鞋在库存中，容易出现由于合布胶浆中的有机物质变质发霉而黄斑和霉变的现象。

(8) 非织造布（无纺布）。非织造布是一种不经过经线与纬线交织，而是将纤维、纱线、长丝等利用机械、物理和化学方法联结成薄片状的结构物。由于不使用传统的织造方法，故也称为无纺布。

无纺布常用于鞋里料和衬布、鞋垫，主要品种有仿毛皮、仿山羊皮、针刺呢、热熔棉絮、喷浆棉絮等。

第二节　鞋底材料

运动鞋的底部由大底、中底（中插）、内底三部分组成。这里对大底材料做一些介绍，用于制作大底的材料有橡胶、塑料、皮革、橡塑材料、聚氨酯等。

一、天然皮革鞋底

天然皮革鞋底革的优点有：一是穿着舒适性。天然皮革鞋底革质地优良，具有良好的屈挠性能，容易加工成型，可根据运动鞋的需要进行冲裁。二是抗穿刺性能很好。运动鞋的抗穿刺性能主要体现在越野、登山、丛林等运动中，抗穿刺性能的大小是非常重要的指标。三是质轻。一双普通的天然皮革鞋底革运动鞋，当其底厚度为 4.5 mm 时，质量保持在 310 g/双左右，而 4 mm 厚的合成鞋底却为 330 g /双。四是较好的透气性、排湿性、吸湿性，天然鞋底革吸湿可高达 30%，而且蒸发很快。

当然天然皮革鞋底革同合成鞋底革相比，也存在缺点，如成本较高；抗水及耐磨性能不如合成鞋底革；高温、暴晒下容易脆裂折断；厚度、色泽及纤维结构不均匀。

二、橡胶鞋底

国内运动鞋底材中橡胶约占一半以上。在橡胶中，除了氟橡胶、丁基橡胶以外，其他橡胶品种都可用于运动鞋大底或中底的生产。

橡胶包括天然橡胶、丁苯橡胶、顺丁橡胶、异戊橡胶、氯丁橡胶、乙丙橡胶、丁腈橡胶等。在鞋底生产方面，用量大且常用的是天然橡胶、丁苯橡胶、顺丁橡胶等。

1. 热塑性橡胶

热塑性橡胶是近代发展起来的一种新型材料。其兼有塑料的热塑性和橡胶的高弹性，在高温下呈塑性流动状态，因而可以像塑料一样进行加工成型；不需要进行硫化而在常温下具有橡胶的弹性。其弹性和塑性两种物理状态之间的相互转变，仅仅取决于温度的变化，而且是可塑的。因此，对加工过程中的边角料可以重新加以利用。由于热塑性橡胶可以像塑料那样经过挤出、注射、模压等工序塑化成型，所以，热塑性橡胶是一种既有橡胶优良的使用性能，又有塑料高速成型加工性能的休闲运动鞋底材料。

由于分子结构的特点，使热塑性橡胶具有其他橡胶所不能及的优异特性。如 SBS 橡胶分子之间能够自然地形成网状结构，具有自身补强的作用，无需硫化。SBS 橡胶的网状结构在变化时具有可塑性，常态下具有橡胶的高弹性，兼有热塑性塑料的加工性能，边角料可回收利用。SBS 橡胶的一个重要标志是耐寒性能好，在－70℃时仍保持弹性，耐屈挠性优越，防湿滑性能好。

热塑性橡胶原料易得，成本低廉，性能优异，工艺简单方便，无需炼胶、硫化和补强，应用价值很大。热塑性橡胶作为鞋底材料轻便、舒适，走路不打滑（雨、雪天不打滑），遇冷不变硬，颜色鲜艳，黏合强度高。

2. 再生胶

再生胶是以废旧橡胶制品或橡胶工业的边角料为原料，经一系列加工处理制得的具有一定生胶性能的弹性材料。因此，可以说再生胶是废橡胶的再生产物。再生胶不是生胶，从分子结构和组织来看两者有很大区别，但从使用价值来看，再生胶可以代替部分生胶而制作橡胶制品。所以，再生胶是橡胶工业的原料之一。一方面，再生胶能部分代替生胶，从而节省了生胶的用量，降低产品成本，改善胶料的工艺性能和产品的耐老化、耐油、耐酸碱等性能；另一方面，废胶的再生利用能够减少污染，节约能源。

三、塑料底

运动鞋大底材料除常用的天然皮革、橡胶外，大量使用的还有塑料。皮革底虽然具有优良的卫生性能，但是耐磨、防水性能欠佳；而橡胶底富有弹性，耐磨，耐屈挠性好。由于塑料底工艺简单，无需硫化工艺和加入补强材料，并可用注射挤出等方式快速加工，制品色泽鲜艳美观，因而得以发展。

常用的塑料有聚乙烯（PE）、聚氯乙烯（PVC）、聚乙烯醋酸乙烯酯（EVA）、聚丙烯（PP）、高苯乙烯（SRP）、聚酰胺（PA）、丙烯腈—丁二烯—苯乙烯共聚物（ABS）、聚氨酯（PU）等。其中 PVC、PE、PP、PU 等已大量生产，并得到广泛使用。PE、PP 材料黏合性能差，在作运动鞋底材料时，多与其他材料（易黏材料）配合使用，但用量不能太大。EVA 价格低廉，当 EVA 含量适宜时，具有一定的弹性且黏合性能好，多用于有微孔的外底材料。高苯乙烯树脂（SRP）作为一种补强剂，用于橡胶的补强，以制造低密度、高硬度、耐屈挠的橡塑鞋底。

塑料是一种合成高分子材料，具有质轻、绝缘、耐化学品腐蚀、易加工成型等特点。这就决定了塑料的使用范围非常广泛。塑料的某些性能是木材、陶瓷、金属材料等所不及的，主要性能分述如下：

1. 质轻

塑料是较轻的材料。塑料的相对密度一般为 1～1.4，略重于水，比铝轻约 1/2，比钢轻约 3/4，是多数有色金属的 1/8～1/5。如果塑料内部含有无数微孔，则得到相对密度很小的泡沫塑料，甚至相对密度只有水的 1/6。充有氢气的泡沫塑料，其相对密度比空气还要小。

2. 耐腐蚀性优良

塑料制品对有机溶剂及酸碱等化学药品均有抗腐蚀能力，其中最稳定的是聚四氟乙烯，其耐腐蚀性超过黄金。

3. 成型加工性能好

塑料生产工艺简单，加工成型方便，设备投资低，材料利用率高，可节省大量金属和其他材料。例如，用塑料做的部件，在多数情况下可以不经过铸造、车削、铣、刨等工序，只要一次成型即可。

4. 耐磨性能好

大多数塑料摩擦系数很小，有些塑料还有优良的耐磨和自润滑特性，为许多金属材料所不及。例如，各种氟塑料以及用氟塑料增强的聚甲醛、聚酰胺塑料就是良好的耐磨材料。

5. 塑料的缺点

(1) 塑料的耐热性较差，长时间使用一般允许的温度为55～300℃范围内。

(2) 塑料的力学强度不如金属，刚性则更低，不易成型尺寸精密的制品。

(3) 塑料制品在使用过程中容易产生蠕变、冷流、疲劳、结晶等现象。

(4) 在日光、热、空气等长期作用下，耐老化性能逐渐变差。

(5) 导热性不良，热膨胀系数大，许多塑料容易燃烧。

四、橡塑并用底

聚合物共混是指两种或两种以上的聚合物制成宏观均匀物质的过程，所得产物称为聚合物共混物。广义的聚合物共混物包括以聚合物为基础的无机填充物共混物，这些共混物肉眼观察是均质材料。纤维增强的树脂，如玻璃钢及层压材料等宏观上非均质材料通常称为复合材料。

将不同聚合物熔融混炼，不同种聚合物在共同溶剂中溶混后再脱去溶剂，或不同聚合物的乳液混合后共凝聚的方法是物理方法；接枝或嵌段共聚以及间充聚合等的方法是化学方法。两种方法都可以实现聚合物共混。

聚合物共混物有许多类型，一般是指塑料与塑料的共混物（或橡胶与橡胶的共混物）以及在塑料中掺混橡胶。聚合物共混体系在工业上称为高分子合金或橡塑合金。

聚合物共混物中较多的是橡胶和塑料、合成树脂的并用，并用可以达到弥补彼此缺点的目的。如橡胶具有优异的弹性，塑料则具有较高的强度，而且成型加工容易。因此，可以用塑料来增强橡胶，或用橡胶来增韧塑料。与橡胶并用的树脂及塑料可分为两大类：一类是热塑性树脂及塑料，另一类是热固性树脂。前者与橡胶的共混在橡塑并用中较多；后者多用来补强橡胶或者作为胶黏剂。

五、人造底革

人造底革又称仿革底，具有强度高、耐磨、耐屈挠、耐温、耐水等优异性能，外观和手感酷似真皮，因而在制鞋上得到了广泛应用。仿革底材料大多加入塑料材料，如高苯乙烯（HS）、聚氯乙烯（PVC）、聚乙烯（PE）、乙烯—醋酸乙烯共聚物（EVA）。

六、再生革

再生革是以部分或全部采用皮革废料粉碎成的革纤维作为原料，添加胶乳作胶黏剂，经特定的工艺制成的具有类似天然皮革性能的材料。再生革具有天然革的吸湿性和透气性，价格低廉，但拉伸强度、抗撕裂强度、耐折性低于天然革。再生革既可以用作鞋底部件，又可以用于帮面材料。

再生革主要材料有纤维材料、胶乳胶黏剂、固化剂等。再生革主要使用天然皮革纤维材料，如制革厂、制鞋厂的废革边、革屑等，除此之外可适量使用棉、麻、木质纤维等植物纤维。

七、纸板革

纸板革是以硫酸盐木浆、废棉、麻浆等为原料，并以天然胶乳等材料作为胶黏剂，经过一系列物理机械加工而成的鞋底材料，主要用于制作运动鞋内底材料。纸板革的特点是质地硬、富有弹性、有较高的强度、吸水率低、不易变形等。

第三节　鞋用胶黏剂

一、胶黏剂的概念

可以将两种或两种以上同质或异质的材料连接在一起，固化强度的一类物质统称为胶黏剂或黏合剂，也称为黏胶剂。这类物质既可以是有机物，又可以是合成物。

胶黏剂以黏料为主剂，配合各种固化剂、增塑剂、稀释剂、填料等制成。最早使用的胶黏剂大都来源于天然的胶黏物质，如树胶、淀粉、糊精、骨胶、鱼胶等。化学工业的发展为生产高性能的胶黏剂提供了技术与物质基础。化学方法生产的胶黏剂大都是利用合成高分子化合物为主剂制成的，具有良好的粘接性能，运用于多种材料的连接。如今制鞋所使用的胶黏剂主要有化学法生产。

二、鞋用胶黏剂的种类与性能

鞋用胶黏剂除了少量使用天然胶外，大量使用的主要是化学成分胶黏剂，其种类繁多，常用的有氯丁胶、改性氯丁胶（接枝氯丁胶）、聚氨酯胶、聚乙烯醇及其缩醛胶、聚酯胶、聚酰胺胶、EVA 胶、天然胶汽油浆、SBS 胶、甲基丙烯酸甲酯接枝氯丁胶(7900)、氯丁酚醛胶、聚醋酸乙烯、聚乙烯缩甲醛、聚乙烯醇等。

鞋生产中用胶，主要用在外底与帮面的胶接、海绵与网布或织物之间的合布、帮面与楦套合时的绷楦、帮料边角的捩边、部分前尖部有保护要求的包头、硫化鞋围贴合等几类。

1. 外底胶

外底与帮面的胶接所使用的胶黏剂称为外底胶，是制鞋用胶中要求最高的胶种。其要求是：相当高的初黏力，常态黏合力高；较高的最终黏合强度，有柔韧性；柔软、耐屈挠、耐水、耐油脂和细菌的侵蚀；工艺性好；储存稳定，毒性小；价廉易得；能够在室温或一定温度下固化，固化时间快；在－20℃（部分鞋要求在－30℃）左右的低温胶膜不脆裂，50℃的高温下黏合力不降低到开胶程度。鞋帮与底的材质多种多样，不可能一种胶适用于所有材质。运动鞋外底胶常用的是溶剂类胶，如氯丁胶、改性氯丁胶、聚氨酯胶等。溶剂类胶能很好地满足生产的需要，但由于溶剂的挥发污染环境，危害工人的身体健康，今后必定为其他类型的胶黏剂（如热熔胶、水基胶、反应型胶等）所替代。

2. 合布胶

生产胶制（硫化）或冷黏运动鞋，有的面料需用两种以上材料复合而成，近年来网布与海绵的复合，用量越来越大。运动鞋面材料的复合已从以天然橡胶为基料、以汽油为溶剂所配制的胶料过渡到乳胶。尤其是热熔胶在合布中已有应用，用热熔胶进行布料的复合将成为今后的发展方向。

3. 绷楦胶

所谓绷楦，就是将缝制好的鞋面，利用皮革等的可延伸性与可塑性，将其拉伸，使之与鞋楦贴合，从而成型为鞋的形状，而其帮脚则与中底黏合，以便使这个形状固定下来。绷楦胶就是将帮脚与中底固定的胶种。绷楦胶在初期承受较大的剪切应力，初黏强度要求较高，强度的剪切应力在 3 MPa 以上。绷楦胶可以是溶剂胶、乳胶或热熔胶。前两者需要在帮脚处预涂好，并进行干燥，在其可黏合的时间内进行绷楦黏合。热熔胶则即绷即喷胶。用热熔胶绷楦对下道工序热定型有好处，可避免开胶，因其可承受的温度高，而溶剂胶或乳胶绷楦则有脱胶的危险。

4. 折边胶

折边胶是将鞋帮零件边缘折起后与中间部位黏合的胶黏剂。这种胶用于暂时固定，需要一定的初黏力，而最终黏合强度要求不高。国内该工序多用手工操作，溶剂胶、乳胶均可使用。但刷胶、晾干占用很多人力和空间。部件剪茬、开口、上胶、折边、压合一次完成，最好使用快速固化的热熔胶。这种胶固化速率要快（2 s以内）、黏度要小、流速快、用量小；黏度太大流动慢，容易造成供胶不足。胶的熔点不能太低，否则快速缝制运动产生的摩擦热足以熔化胶黏剂，降低生产效率。热熔胶折边是发展的方向。

5. 包头胶

包头胶是一种类似于热熔胶形式的材料，当其熔融后涂布于鞋帮前尖部位，能够很好地和鞋帮黏合，不是一般用于成型包头与鞋帮黏合用胶。用普通溶剂胶、聚乙烯醇胶等均可成型包头（多为皮革、无纺布、再生革等多孔型片材）。国内外一些运动鞋要求前尖成型较好的品种使用包头胶。包头胶的基材主要有聚酰胺和乙烯—乙酸乙烯酯共聚物等热塑性聚合物。

三、常用胶黏剂

适合鞋使用的胶黏剂主要有以下品种：氯丁胶、接枝（改性）氯丁胶、异氰酸酯胶、甲基丙烯酸甲酯接枝氯丁胶（7900）、SBS胶、天然胶乳、聚氨酯胶、聚乙烯醇缩甲醛胶、汽油浆、氯丁酚醛胶、聚醋酸乙烯、聚乙烯缩甲醛、聚乙烯醇等。使用效果较好、用量较大的是氯丁胶（含改性氯丁胶）、聚氨酯胶等。下面简单介绍几种胶黏剂。

1. 氯丁胶

氯丁胶是聚氯丁二烯胶黏剂的简称，是鞋生产中使用较多的品种。氯丁胶在运动鞋中用量最大，占到50%以上，其可以黏接的材料有：SBR—EVA、EVA—皮革、SBR—皮革、皮革—尼龙、SBR—EVA发泡海绵、SBR—PVC人造革等。氯丁胶可以粘接的同质材料及上述任何一种单体材料，还有弹性纸板革、氯纶革、布、皮革、木材、再生革、塑料、橡胶等。它以粘接强度高、粘接速度快而著称，在深色橡胶底和皮革帮面的黏合时综合平衡效果最佳。

2. 天然橡胶胶黏剂

天然橡胶胶黏剂有溶剂型和胶乳型两种。天然橡胶胶黏剂以天然橡胶为主剂，其具有的特性是：粘接时不需很大的压合力，易于粘接；加之天然橡胶富有高软性，粘接后鞋子耐屈挠性好，工艺性能好。其在运动鞋的硫化、模压等多道工序中使用。溶剂型的天然橡胶胶黏剂在粘贴法硫化运动鞋生产中使用较多，如外底、围条、头衬、后衬等。运动鞋中有时也用这种胶黏鞋垫和衬里。天然胶乳是布面胶鞋布料复合的重要材质。

（1）汽油胶。汽油胶是典型的溶剂型天然橡胶胶黏剂，通常采用120号溶剂汽油为介质，将从橡胶园收集的胶乳或自然凝固的块状、片状或颗粒状的固体天然橡胶，经过溶解配制而成，其具有较高的初期黏合力。用途不同，配方、工艺也略有不同。原料既可以是未经硫化的生胶胶液，又可以是硫化橡胶胶液。生胶具有良好的弹性、强度等性能，但要加入各种配合剂，如硫化剂、促进剂、防老剂、补强剂、塑解剂等，以满足各种需要。

汽油胶是典型的传统溶剂型橡胶胶黏剂。其特点是：固形物含量低，价格便宜；挥发速度快；不加增稠剂黏度都很大；生产工艺简单；毒性低，符合环保要求。但是由于汽油挥发对身体健康、安全生产和环境保护不利，因而汽油胶的使用受到严格限制。

（2）胶乳胶黏剂。胶乳胶黏剂是采用离心法浓缩的天然胶乳，经过配制而成固形物含量在60%左右的胶黏剂。胶乳胶黏剂的优点是胶乳为水分散体系，流动性较好，配合剂分散在生胶中所需的机械力小，配合制造工艺简单。它具有稳定性好、成膜性好、不需溶剂、固形物含量可任意调节、吸湿性低、浓度高、不燃烧、污染小、成本低、可清洁化生产等特点，广泛应用于运动鞋的生产过程。胶乳能保持胶体的稳定性，但在胶乳中直接加入酸降低pH值，或改变温度、施加强力的机械搅拌会使其稳定性降低，最后导致胶乳胶凝或凝固。

胶乳胶黏剂的缺点也非常明显，分散介质的水分子的挥发速度慢，刷胶以后停留时间要长一些，初黏性差，固化速度慢，黏合强度低，耐水性较差。可以通过在天然胶乳胶黏剂中加入一些增黏树脂，或者对胶乳进行接枝改性，或者进行硫化，提高胶黏剂的耐热、耐老化、延长使用寿命，改善其性能。

（3）天然橡胶胶黏剂。无论是胶乳型还是溶剂型天然橡胶胶黏剂，在布面鞋、皮鞋、硫化鞋的多道工序上均有应用。特别是硫化的天然橡胶胶黏剂对一些非极性材料的黏合，效果良好。

3. 热熔型胶黏剂

热熔胶首先用于绷楦，后来用于抿边、黏大底、复合鞋帮布、涂印包头等。绷楦用胶量最大；其次是合布与涂印包头；其他用量不多。热熔胶最早应用于制鞋的是聚酰胺热熔胶，主要粘接皮革和缝制前的抿边。后来用于运动鞋生产中的其他工序，如绷帮、抿边、涂印包头等。

第四节　制鞋辅助材料

一、制鞋的缝纫线

缝纫线是鞋的重要辅助材料。缝纫线对帮面和底的缝合、连接、定型和装饰等起重要作用。缝纫线的质量、性能，以及线与缝纫材料配伍性的好坏，对鞋成品的质量、外观、性能、生产效率和经济效益等方面都有密切关系。

由于用途不同，缝制的材质不同，缝纫机型号不同，因此，对缝纫线的性能要求也不尽相同。但缝纫线必须满足几个基本要求：一是能够形成线缝。二是能够确保线缝的各种穿着性能。三是鞋面线和底线一般应选用同一种类的缝纫线为宜。四是性能、质量的要求有足够的缝纫强度和耐磨牢度，线的使用寿命、可靠性和安全性都应高于鞋帮面材料本身，耐热性和抗静电性能好，合理的捻向和捻度，接头小，能够适应高速缝纫的要求，具有良好的可缝性。五是根据材料选用相应的缝纫线。鞋用新材料不断出现，不同材料都有各自的特点和缝制加工性能要求。所以，不同材料的缝制要选择相应质地性能的缝纫线，以使缝纫线与缝料的强度和缩水率等性能指标一致。例如，棉织物作鞋帮应用棉线或涤纶线；化纤织物和化纤混合物作鞋帮应用合成纤维线；皮面运动鞋及革制品宜用蚕丝线和合成纤维长丝线。

随着科学技术的迅速发展和人民生活水平的不断提高，鞋类产品在设计和生产上向轻便、舒适、装饰方向发展的同时，安全、保健和多样化方面也日益突出，越来越追求质量档次；尤其随着鞋用材料的多元化和帮面材料的多样化，以及缝制技术装备日趋自动化、连续化和高速化，人们对缝纫线品种规格、性能、质量以及鞋类产品的质量要求将会更严更高。

在缝制工艺设计和缝纫过程中，如果缝纫线选择不当和线的性能质量不好，不但影响鞋的产品质量和外观效果，而且会在缝纫中出现起圈、扭结、跳针、断线和损坏机器零件等现象，从而增加操作人员的劳动量，提高成本，所以，有必要对缝纫线的合理选择予以足够的重视。

1. 缝纫线的分类

鞋用缝纫线主要有天然纤维线（如棉、丝、麻等）、化学纤维线（如人造纤维、合成线等）、混纺线三大类。

（1）天然纤维线。是用天然纤维经过纺捻加工而成的用线。常见的纯天然纤维线包括棉纤维线、麻纤维线、丝纤维线、动物毛纤维线等，另外还有一些由棉、麻、丝、毛纤维混合纺捻的混合天然纤维线。

（2）化学纤维线。是利用化学纤维经过纺捻加工而成的用线。现在市场占有率较高的有涤纶线、维纶线和锦纶线，下面主要介绍一下涤纶线的有关性能。

涤纶线包括涤纶短纤维线（简称涤短丝线）和涤纶长丝线（简称涤长丝线）两大类型。涤纶线的共同特点是强力高、洗涤收缩率小，弹性、耐腐蚀性、耐磨性和耐气候性好，热稳定性和尺寸稳定性好，可缝性好，缝纫线迹美观等。由于涤纶线与棉线相比，具有强度大、耐磨性和耐腐蚀性能好、染色性能好、价格较低等优点，使用范围越来越广，正在代替棉线缝制各种鞋。涤纶线主要用于缝纫各种布面鞋的鞋帮面，各种皮鞋和运动鞋的装饰线或底线、缝靴毡里线等。

涤长丝线具有染色牢度高、光泽好、缝纫线迹美观和缝纫效果好等优点，是一种很有发展前景的缝纫线。用其代替蚕丝线以后，不仅克服了蚕丝线强力低、耐腐蚀和耐霉变性能差、使用寿命短、价格昂贵等缺点，而且缝纫效果有所提高，还便于仓库储存保管。涤长丝线主要用于缝制各类皮鞋、运动鞋的鞋面线。

（3）混纺线。它是天然纤维与化学纤维按照一定比例混合纺捻而成的一种缝纫用线。常用的混纺线分为涤棉包芯线和涤棉混纺线。

涤棉包芯线是将强度高的涤长丝作芯线，把耐热性好的棉纱覆盖在涤长丝的表面。这种线具有强力高、耐热稳定性好、可缝性好、线迹美观等优点。

涤棉混纺线绝大多数是65％涤和35％棉混纺线。涤棉混纺线具有稳定性好、弹性好、缩水率小、结实耐用等优点。涤棉混纺线主要用于布帮运动鞋面的缝纫，其用途与涤纶线基本相同。

2. 运动鞋用线的规格

不同品种鞋的部件缝制质量要求各异。缝纫线的粗细和合股数等规格的选择应根据缝制材料的密度、厚薄、质量等性能而定。缝纫线的单线强力要大于织物中的单根纱线（或丝线）的强力要求，线的细度应大于织物中单根纱或线的细度或与之相仿，同时应考虑缝线的细度与织物的外观要相适应。此外，根据缝制品不同缝制部位的要求，以及织物结构和接缝结构的变化等，选择适宜规格和适用细度的缝纫线。

缝纫线规格由单纱或单丝的特数和合股数来表示，如 14.8 特×3 涤纶线，167 特×3 涤长丝线，它表示线的粗细、强度和应用范围。因为线的粗细规格不同，线的强度也不一样。在缝制中，如果线的粗细规格选用不合理，同样会直接影响缝纫效果。例如，在缝制皮面鞋的鞋帮时，若线选得较细，则会因缝线强度不够而影响其线缝强度，或由于针线不匹配而产生跳针等故障。若缝纫线接缝比较紧密、光洁，就不易导致接缝皱缩，线迹也不易磨损，有利于提高缝纫效率。

可见，在缝制中要根据缝制材料的厚度和缝纫工艺要求等合理选用线的粗细规格，只有这样才能保证缝纫的效果。一般鞋用织物或材料越厚，用线就越粗，而且面线宜稍粗于或近似于底线。

运动鞋用缝纫线应具有强度高、耐磨损性能强，合理的粗细、合股数、捻向和趋度，缩水率小，适度的断裂伸长率和弹性，耐高温，耐水洗，在缝纫过程中能够承受变形和防止断裂，还应有较高的着色牢度和耐腐蚀性能。为了达到不同质地的缝料特性和制鞋缝纫工艺质量要求，确保选用的缝纫线质量，必须将上述各种因素有机地联系起来，突出主要性能的要求，统筹兼顾。

在选择缝纫线时，同时具备以上性能要求，往往是十分困难的，但是最后综合选定的缝纫线往往具有许多优点，能够满足鞋类产品缝纫的性能要求。

二、鞋用织带

鞋用织带是鞋的重要辅料之一。适当的织带对提高鞋的档次和穿用质量起到很大的作用。织带品种繁多，包括各式鞋带、松紧布带、包边条带、尼龙搭扣、尼龙加强带等，根据鞋的种类、花色、款式及穿着要求来选配织带。另外，织带的性能、质量、外观等必须与鞋帮等材质相匹配。

1. 鞋带

鞋带是供系带鞋用的专用条带形织物，主要分为运动鞋带、旅游鞋带、球鞋带、休闲鞋带等。

鞋带的规格和物理性能主要有长度、密度、强力、宽度、单纱根数等。鉴别鞋带的质量，除了上面讲的长度、密度、强力等外，还要鉴别鞋带的外观疵点。外观疵点是指用眼睛可以分辨出来的毛病，如染色花斑、油渍、汗渍、漂白泛黄、结头疙瘩、跳纱等。鞋带表面不得有跳线、断线、残疵等。

2. 后跟条带

后跟条带是用于运动鞋和旅游鞋后跟处加固的条带。多采用28特×4的线，宽12～22 mm；而用量最大的规格为20 mm。线带染色分别采用硫化染料或还原法。多带的每盘线带定长为(50±0.5) mm，允许开剪两处。

3. 线带

线带是经纬均采用双股棉线制成的一种薄型单层带织物。它采用斜纹组织，结构较紧密，带子的平整度和牢度较高，带身柔软。线带的原料一般用14特×2的线，经线密度为33～34根/100 mm，纬线密度为19根/10 mm，规格有10 mm、16 mm等。

4. 松紧布

松紧布是用棉纱与橡胶丝交织而成的双层弹性带织物。规格主要有长度、宽度、纬度、伸长率、染色牢度等。

5. 尼龙搭扣

尼龙搭扣具有黏合力强、色泽鲜艳等特点，当勾面带与圈面带相向复合起来略加轻压即能使圈勾扣紧，从而使鞋帮或附件连接，撕揭即可分离。锦纶搭扣带适用于需要方便而迅速地扣紧或开启的部位，可替代扣子、拉链、带子等，一般作为休闲运动鞋等的连接材料。

三、运动鞋用材料

在装配鞋帮时，也常用一些金属部件，它们能够起到连接、加固、防护、美化等作用。常见的部件有鞋钉、鞋眼圈、鞋钎、铆钉、四合扣、拉链、金属装饰件等。

1. 鞋钉

运动鞋（如跑鞋等）常使用一些专用鞋钉，目的是增加鞋底的防滑作用。这种钉子的钉尖从鞋底面穿出，或者通过螺钉旋紧在鞋底的丝孔中。近年来，足球鞋、棒球鞋、垒球鞋等也有使用鞋钉的情况，但钉尖不同于跑鞋，多是圆柱状或多棱柱状。

2. 鞋眼圈

鞋眼圈是装配在鞋眼孔上的金属件，有保护鞋眼不被拉豁、拉变形的作用。鞋眼圈分为套眼圈和钩眼圈两种。套眼圈形状为圆筒形，圆孔的直径是鞋眼的主要尺寸。矮腰鞋小口内径尺寸多为 (3.5 ±0.2) mm。生产靴类产品时，小口内径多为（5±0.2）mm。眼圈的高度为 5～7 mm。使用时，鞋帮厚度不要超过眼圈高度的 1/2，以免套眼圈安装不牢而脱落。钩眼圈与套眼圈作用相同，只是在套眼圈的基础上鞋眼圈盖形成一个钩状，使系鞋带时只需要左右钩连，而不用穿入鞋眼内。装配时，鞋眼圈角插入帮部件鞋眼内，利用开花冲子把眼圈角破开，轻轻砸平，眼圈盖与眼圈角便夹紧鞋帮，固定在鞋眼上。

制造鞋眼圈的材料多为铝板和铜板，有本色和喷漆两种不同的效果。鞋眼圈的硬度要适宜，以保证鞋眼角卷曲后较平整，防止裂痕割伤鞋带。

3. 铆钉

铆钉是用薄铝板或铜板经机械挤压而成的。两件为一套，一件是凸形的，称为铆盖；另一件是凹形的，称为铆心。铆钉多用于加固前后帮的接头处，使之不至于在加工和穿用过程中，造成口门处撕开。铆钉的大小要根据产品材料的厚薄来选择。装配铆钉时，在前后帮的缝合线中间或缝合线的一侧打孔，铆心自底面穿入，铆盖再覆盖其上。用专用工具钉合后，铆盖的下角在铆心里膨胀，便可牢固地结合起来。

4. 四合扣

四合扣常用于带部件的连接，有一定的开闭功能和装饰美化效果。四合扣的作用类似于子母扣，但它是由四个单独部件组成的。上部件相当于母扣，由扣盖和扣心组成，与帮部件结合时有类似于铆钉的作用。下部件相当于子扣，由扣托和扣碗组成，与带部件结合时有类似于铆钉的作用。当扣碗嵌入扣心时，便可把上下两部件连接起来。四合扣是由铜质或铝质薄板挤压而制成的，装配四合扣时需要使用专门的工具。

5. 鞋钎

鞋钎是一种起连接作用的金属件，由于鞋钎的造型美观多样，也起到装饰美化的作用。鞋钎有带钎针和不带钎针两种类型，制鞋中多用带钎针的鞋钎，装配在各种钎带鞋上，鞋钎是由铝质、钢质、铜质的薄板冲压而成的。可以使用本色鞋钎，也可以在表面镀锌、镀铬、镀镍、镀钢、镀金、镀银等，使其表面光亮生辉，提高鞋的品味。鞋钎的外形有长方形、圆形、椭圆形、三角形等多种变化。鞋钎的中间梁柱上装有钎针，使用时钎针穿入鞋带针孔内起紧固的作用。在设计钎带鞋时，鞋钎的规格是以外形尺寸来计算的，鞋带的宽度是以钎子内孔径来计算的。因此，在设计时应先选择好鞋钎，在鞋钎孔径基础上减去 2 mm 厚度量出鞋带的设计宽度。鞋钎表面应当光亮美观，不允许有亏角等质量问题。钎针长度要适宜，扣合上不得有裂口。

6. 拉链

拉链起着帮部件间的连接作用。有金属拉链和尼龙拉链的区别，金属拉链大多是由铝质、钢质材料制成的。拉链是靠链齿的咬合作用来达到连接的，拉链的链头骑在链齿上，可以起紧固链齿的作用。链头松旷时，链齿便会咬合不紧，容易被撑开。在拉链齿上打蜡，可以起润滑的作用，拉链的两端分别有卡子卡住，防止链头脱落。

7. 金属装饰件

在鞋帮的装配中，还用到一些金属件，起装饰美化的作用，此类产品的规格、尺寸、花色、式样很多。较长的金属件有7 mm多，较小的只有 2～3 mm。有的金属件是用铝板冲压再进行电镀的，也有用钢板冲压后再镭金描漆的，有的金属件是用皮条穿连来固定，还有的利用金属件下角直接穿入帮面内折回来固定。金属件大多使用在前帮口门正中前方或鞋外侧，位置很显眼。因此，选择金属件时要与帮结构搭配，协调一致。

有些高档鞋或特种运动鞋也使用金属装饰件来防护鞋头和鞋跟等部位，防止磕碰、磨损。这时金属件是在底部装配时使用的，金属件折回部分相当于帮角底口，金属件的外形应与鞋楦、鞋跟相似。

8. 功能材料

功能材料是指运用在运动鞋中起功能作用的材料，如气囊、弹簧等。

9. 饰件材料

饰件材料是指金属材料、塑料材料、洗涤剂、光亮剂等。

习　题

1. 鞋面材料在性能上有哪些要求？天然皮革的主要特点有哪些？

2. 纺织物在鞋类生产中是如何应用的？

3. 各类合成底料有何性能特点？

4. 鞋用胶黏剂是如何分类的？各类胶黏剂的作用是什么？

5. 鞋用缝纫线的规格及种类有哪些？

6. 运动鞋常用辅助材料有哪些？

第三章　裁断工段

裁断是制鞋过程中的第一道工序。裁断过程的好坏直接影响产品成本和企业的经济效益。因此，绝大多数工厂都设置独立的裁断工段，对生产所需的各种材料进行分类管理和裁断。

第一节　裁断工段生产设备的认识和使用

制鞋材料的裁断主要有手工裁断、机器裁断和计算机控制自动刀具裁断三种。

一、裁断设备

手工裁断所用工具主要有水银笔、剪刀、三角刀、垫板等。

机器裁断所用设备主要有裁断刀模（见图 3—1）、龙门液压

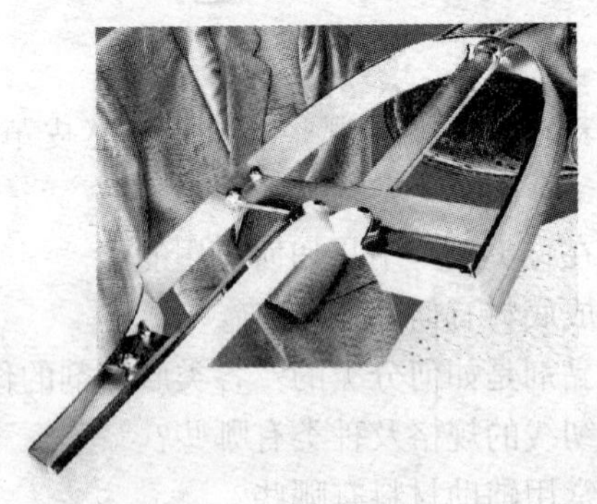

图 3—1　裁断刀模

裁断机（见图 3—2）、摇臂式裁断机（又称动臂式裁断机，见图 3—3）、活动刀头裁断机（又称动头式裁断机）、高速平面裁断机、切纸机电剪等。

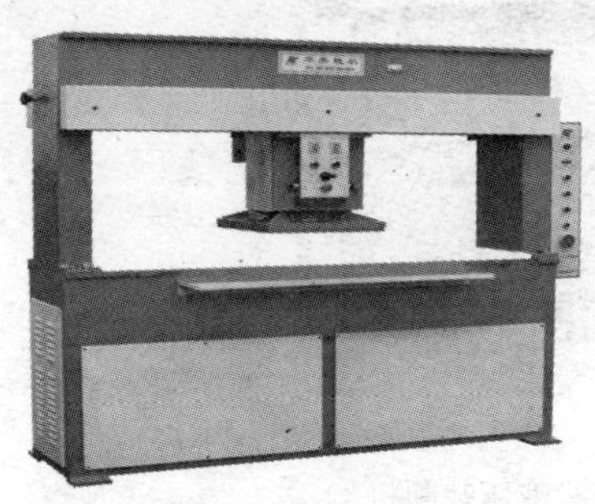

图 3—2　龙门液压裁断机

图 3—3　摇臂式裁断机

自动化程度高的裁断设备有由电脑控制的动头式裁断机、激光裁断机（振荡刀具）、高压水束切割机、电脑裁断机等。另外，意大利和英国 USM 公司生产了一种投影裁断机，这种设备的下料台上设有振荡型刀具及目视观察装置，用于对皮革进行轮廓扫描，或在皮革上进行投影以引导裁断工安排下料样板在皮革上的套排。

二、裁断机的使用

裁断机的种类越来越多，但基本操作方法是相同的。这里仅介绍平面式液压裁断机（见图 3—4）的使用。

1. 外观结构

平面式液压裁断机外观结构见图 3—5。

A1——电动机启动开关。旋转此开关置于“ ON ”位置，电动机即开始运转。

A2——电源开关。

A3——电源指示灯。

A4——计数器。

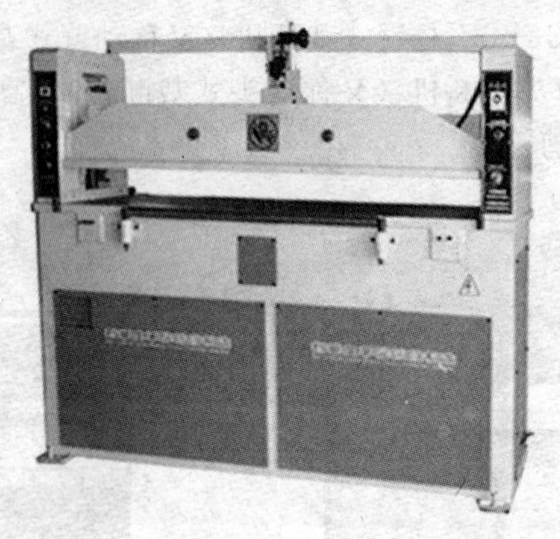

图 3—4　平面式液压裁断机

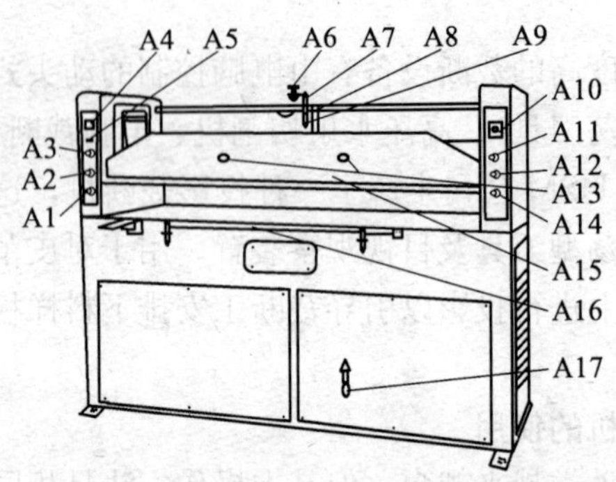

图 3—5　平面式液压裁断机外观结构

A5——计数器电源开关。

A6——裁断下死点微调螺杆。顺时针方向转动，裁断点升高；逆时针转动，则裁断点降低。

A7——裁断点控制开关。裁断点上压座下降至微调螺杆（A6）碰到此开关时，裁断动作停止，裁断上压座回升。

A8——紧定手柄。逆时针方向旋转，设定杆可以上下自由移动；顺时针方向旋转，则设定杆固定。

A9——裁断设定杆。通过上下移动裁断设定杆来控制裁断行程。

A10——裁断上压座上升计时器。时间调整越长，裁断上压座上升越高；越短则越低。

A11——裁刀设定开关。裁断点的设定，首先要转动裁刀设定开关置于“ON”位置。

A12——手动、脚动选择开关。

A13——手按裁断开关。选择开关（A12）置于手动时，双手同时按下，即进行裁断动作。

A14——刹车按钮开关。在任何状况下，按下此按钮开关，裁断上压座都会停止下降并回升。

A15——裁断上压座。

A16——斩板浮动滚轮。

A17——电动机运转方向辨识孔。

2. 操作与使用

（1）核对电压。连接电源前，先核对工厂所使用电压是否与本机械铭牌上所标示电压相同。

（2）检查电动机运转方向。接通电源开关（A2），按下电动机按钮，通过电动机运转方向辨识孔检查运转方向是否如箭头所示，如果方向相反，则将电源线任两条互换即可。

（3）检查裁断板。加注润滑油于各有关润滑部位。检查裁断板与裁断垫板是否安放在裁断面中央。

（4）选择操作方式。选择手动、脚动转换开关以选择操作方式。

（5）裁刀裁断点的设定。将刀模放至上、下压板中间的冲板上，裁刀设定开关（A11）置于“ON”位置，这时裁断上压座开始下降，放松紧定手柄（A8），使裁断设定杆下落。当裁断上压座压到裁刀时，同时固定在设定杆顶端的能够上下调整的微调螺杆（A6）几乎接触到裁断点控制开关（A7）时，这时锁紧紧定手柄（A8），将裁刀设定开关（A11）切回至“OFF”

位置，裁断上压座立即回升，完成裁刀设定工作。设定完成后，如工作物裁不断，可逆时针方向转动微调螺杆（A6），使裁断下死点降低，一直到裁断适当为止。若裁刀太深入斩板，就顺时针方向转动微调螺杆，提高裁断的下死点。为了有一个理想的裁断行程，可通过调整计时器（A10）时间的长短来控制。时间调得越长，行程就越高，短则较低。原则上裁断上压座距裁刀的顶部约 10 mm 为适当，以免浪费时间。

3. 维修保养及故障排除

（1）为了保证机器正常运转，延长机器的使用寿命，必须经常对机器进行检查和保养；对机器的各润滑系统进行加油润滑。

（2）裁断机上压座滑块在使用一段时间后，滑块有松动时需要调整，卸开前面两块开关面板及后面两块封盖即可看到里面的调整螺栓，此项工作应请专业技术人员担任。

（3）平面式液压裁断机的故障及排除方法见表 3—1。

表 3—1　　平面式液压裁断机的故障及排除方法

故障内容	故障原因	排除措施
打开电源开关，电源指示灯不亮，电动机不启动	电源没有接通，熔丝熔断及起动按钮损坏	重新接通电源，更换熔丝及起动按钮
油泵噪声过大，液压油起白沫	液压循环油不够，滤油器堵塞	加够液压油，清洗滤油器

第二节　裁断的工序及工艺要求

一、天然革裁断的步骤

1. 手工裁断

手工裁断的步骤为：熟悉样板结构→领料→配料→标记伤

残→套划→编号→裁断→分号验收。

（1）熟悉样板结构。鞋的款式千变万化，因而部件的形状也多种多样，没有统一的模式。在套划之前，应仔细研究样板，摸索、寻找最佳的套划方法。熟悉主要部件的样板，只有这样在套划时才能做到有条不紊。

（2）领料。根据裁断任务通知单，从原材料库领取原材料，核对面积数量，评估质量。

（3）配料。由于天然皮革在张幅大小、粒面粗细、色泽深浅、绒毛长短、毛被浓密、革身厚薄等方面存在差异，因此，要根据裁断的需要将领回的皮革进行搭配和分档，以便按照“好坏搭配”的原则进行套划。

（4）标记伤残。标记伤残又称为点伤。它是将粒面、肉面、绒毛、毛被等处的伤残用水银笔、特种铅笔、粉笔、划粉片等标记出来。肉面伤残应在粒面上的对应部位处标记出。标记伤残时应力求准确，既不扩大又不缩小伤残面积，以免影响产品质量或造成浪费。

（5）套划。将皮革粒面向上，平铺在工作台上，然后将下料样板摆在面革上，按照套划及合理利用伤残原则，确定下裁方案。左手按压样板，右手握笔或持粉袋，沿着样板的周边扑划出清晰的线条。

（6）编号。手工裁断时，在一张皮革上可能会同时套划几种尺码的帮部件，而且各种帮部件的数量也可能不一样。因此，为了防止发生差错，便于以后各工序的进行，需要在每一配双的部件上标明尺码及货号。编号的位置应在部件的隐蔽处，以不影响产品外观为原则。编号字迹应当端正、清晰，一目了然。

（7）裁断。帮料裁断时，应沿着线迹的外缘进行，以保留套划线迹。如果相邻部件的边缘线迹重叠，则应对正线迹居中裁断。若相邻部件的局部有重叠，则应当保持主要部件的完整性。

（8）分号验收。将裁断好的部件按照货号分类，按照尺码大小分档，清点数量后捆扎，装入料盘，送交检验员检验。

2. 机器裁断

机器裁断的步骤为：检查刀模→调试裁断机→调节裁刀冲程→裁断→分号验收。

(1) 检查刀模。根据产品货号领取刀模，确保核对无误。在使用刀模之前，应先将刀模上的防锈油擦净，然后检查刀模有否变形或刀刃有无缺口，如有上述情况，需要调换或修整刀模。刀模用完后，应按保养要求，在刃口上涂抹防锈油。裁断刀模都是使用钢片经过冷压成型后，再进行热处理，以提高刀模的硬度和韧性。皮鞋生产过程中所使用的刀模一般有 19 mm、32 mm 和 50 mm 三种标准高度，以及 2 mm、2.5 mm 和 2.8 mm 三种标准厚度。

由于在部件的周边上用号码机进行编号的方法费工费时，且容易污染帮面，因此，可采用在部件周边切口的方法做出尺寸标记，即在裁断刀模上制出切口，在裁断的同时对部件进行尺寸标记（见图 3—6）。

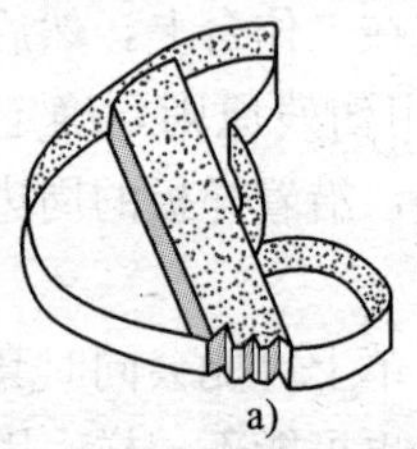

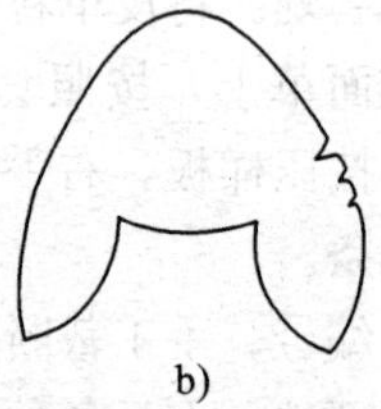

图 3—6　刀模与裁切样片

a）切口的裁断刀模　b）下裁后的带标记切口的部件

刀模上的切口分别代表不同的尺码，刀模切口与尺码的对应关系见表 3—2。

(2) 调试裁断机。首先在机器的运转部位加润滑油，并检查是否有影响机器转动的障碍物；然后接通电源，使机器空转 1～2 min，听机器在运转中是否正常。

表 3—2 刀模切口与尺码的对应关系

刀模切口	尺　码	刀模切口	尺　码
1个尖角形	代表21码或31码	2个半圆形	代表17码或27码
2个尖角形	代表22码或32码	3个半圆形	代表18码或28码
3个尖角形	代表13码或23码	4个半圆形	代表19码或29码
4个尖角形	代表14码或24码	无齿形	代表20码或30码
无齿形	代表15码或25码	1个方形	代表半码
1个半圆形	代表16码或26码		

（3）调节裁刀冲程。将表面平整的裁断垫板平稳地放在机台上，然后将裁刀置于其上，把裁断机的上压板拉至刀模背的正上方以调整冲程。调节时上压板的下降应由高到低逐步调节准确。以刀模口压进垫板 0.5～1 mm 为宜。上压板距刀模背太高时，不易将面料切断，而太低时刀模刃口压入垫板太深，难以取出，而且容易造成刀模变形和缺口。

裁断垫板一般都是用高分子复合材料制成的。裁断垫板的硬度分低、中、高三种，分别制成红、绿、白三种颜色。红色垫板适用于 PU 革、天然皮革、面革、海绵、橡胶和布料的裁断，绿色垫板适用于牛津布、箱包革、底革、纸、纸板和丝质材料的裁断，而白色垫板适用于纺织品、毡、布、PVC、橡塑合成材料和热熔型主跟、内包头的裁断。

（4）裁断。将材料平铺于垫板上，右手握刀模，将其放在材料的正确位置上；左手将上压板拉至刀模背的正上方，待上压板停稳后，右手即离开刀模；按动电钮，使上压板下降，完成部件的裁断动作；然后将上压板推回到原位置，右手取出刀模，并从刀模中取出裁断好的部件。重复执行上述步骤，以完成其他部件的裁断。

（5）分号验收。根据粒面粗细、色泽、绒毛等外观指标，将裁断好的部件左右配套成双，按照货号分类；按照尺码的大小分档；清点数量后捆扎，装入料筐，送交检验员检验。对裁断好的部件主要进行外观质量、厚度和内在质量等指标的检验。

二、人工革的裁剪

人工革的抗张强度是由底基的结构和材料所决定的。但其延伸方向在整捆材料上是一致的。在裁取帮件时，同双部件的延伸性必须对应一致。

由于人工革无伤残，规格一致，所以采用多层固定在一起裁断。为了使套裁合理，可以根据样板形体的不同，灵活制作连续性套划样板或组合样板。可在反面先划好样板轮廓线（裁断线），然后再用机器裁断。

人工革裁断的步骤为：

1. 核对生产通知单，领取材料、刀模。
2. 检查套划样板、刀具和调试裁断机。
3. 划料、标记尺码和序号。
4. 机器裁断。
5. 检验。

截断时，注意刀模间的距离要合适。由于人工革的弹性好，多层重叠，上下层会出现弹性位移。特别是在压力上下变动时，会使上下层出现左右反向滑动。刀模间距过小，会使下层革出现缺边少角的现象。多层人工革重叠，必须对齐钉牢。连续组合套划样板，必须根据材料的幅宽予以编排设计，不能凭空臆造。上层排划到长度边缘线较完整时，按其长度准备下面几层的材料，避免末端丢损料。

三、纤维织物的裁剪

纤维织物要在裁断前进行分类。因为有色织物在加工和染整过程中，在宽度（幅宽）和色相上有一定的差别。为了使每批产品色相一致。要在裁剪前按色相分类。为了适应既定的套划样板的宽度，对不同幅宽的织物也要分类，以合理利用材料，减少材料的消耗率和废品率。

要核准生产通知单规定的样板、材料和工具（刀模），检查调试裁断设备（如裁断机、电剪刀等）。

为了提高工作效率，纤维织物是采用一次多层裁剪法。所以，裁剪前要把织物折叠或叠垒在一起。根据设备能力的大小、生产批量的大小，兼顾比例配码，确定叠垒层数。长度的确定要结合工作台的长度，按套划样板长度的整数倍测算，否则会剩下大量料头。

纤维织物的裁剪对宽度也有要求。当宽窄幅同叠在一起裁剪时，应以小幅为准，一边对齐，小幅要叠在大幅里料之上。

裁剪采用先画后裁的方法。划料的方法有两种：一种方法是用样板直接在织物上套划，画出样板轮廓线。另一种方法是先用样板根据幅宽，优选出最佳的排列组合样板，制成优化组合套划模板。一般都是用同一个尺码的样板，组合成一组套划样板。划完一个尺码的数量，再划另一个尺码的套划模板，以避免配比失调和差号间套划模板接续不严而耗料。

裁剪的工具包括电剪刀、电动带锯刀、电动单片刀、冲压裁断机、钺型刀等。棉麻化纤织物多用电剪刀裁剪，毡、毯类多用后几种工具裁剪。

四、毛皮的裁剪

毛皮裁剪的方法是在反面的皮板上先划后裁。划法有直接在皮板上套划和用漏划模板套划。后面一种套划方法要求皮张较大，质量较好，伤残少。

毛皮的裁剪一般采用刀割法断料。采用割皮刀裁断时，用刀按所画线迹居中将皮板割开，不伤损毛绒。如必须使用剪刀时，只能用剪尖剪断皮板，尽量减少损伤绒毛，否则会造成鞋里缺绒露皮板。

毛皮里在不影响质量的情况下是允许拼接的。拼接时应利用小料，可以节约毛皮。但拼接时要顺毛拼接，即毛的方向一致。注意毛绒的长短、颜色的协调、皮板的软硬、厚度的一致等。

第三节　提高出裁率的原则

无论是天然皮革，还是合成材料，如果排料得当，部件穿插严密，伤残利用正确，就可以提高底料的利用率；相反，如果排料套划不合理，不严密，没有正确使用伤残，不仅会浪费材料，而且会影响产品的质量。

天然皮革是制鞋用主要面料，其成本占原料总成本的50%～70%。因此，提高天然皮革面料的有效利用率，对降低产品成本、提高经济效益具有极其重要的意义。

提高出裁率即提高原材料的利用率，其基本原则有：

一、先主后次

鞋部件有主次之分。主要部件是指帮或底，如前帮、前帮盖、三接头式的中帮、外底、内底、主跟、内包头等。这些部件在皮鞋生产及产品的穿着使用过程中要承受较大的作用力，因而所用皮革要具有良好的物理力学性能。这些部件应该优先划裁。而后跟皮、鞋舌、后帮里侧皮、中底、鞋跟里皮、插鞋跟皮等属于次要部件，在皮鞋生产及产品的穿着使用过程中承受的作用力较小，可以在次要部位进行划裁。

二、先大后小

天然皮革的形状、面积不同，其伤残的深浅、位置、面积也不同，而且鞋的尺码有大有小，鞋部件的形状、大小、质量要求也不同。先划裁大尺码、大面积的部件，不仅可以综合考虑部件的受力大小和方向等力学性能问题，而且有利于避让或利用伤残，划裁时有回旋的余地。另外，在检查套划好的大部件时，如果发现质量问题，尚可改划小部件。在套划完大部件以后，如果部件之间尚有空隙，可在空隙处划裁次要部件，做到物尽其用。

三、好坏搭配

同一批天然皮革其粒面粗细、色泽、厚薄基本一致，但质量不同。因此，要在好皮上多裁主要部件，次皮上多裁次要部件，即在好皮的次要部位上也可以下裁主要部件；而在次皮的主要部位上可下裁次要部件，做到好坏搭配。

四、合理利用伤残

在套裁面、里部件及底部件时，除了遵循排料紧凑、先主后次、先大后小、好坏搭配等原则以外，还应该注意合理利用伤残。

在帮面方面，可以利用有伤残、缺陷皮的部位是那些可以被掩盖起来的部位。例如，因为帮脚处经过绷帮和胶接，帮脚夹在内、外底之间，对产品的外观质量无影响，但疮疤、管皱等影响胶接强度的伤残不可用于帮脚处。其他可以利用伤残、缺陷的部位有：腰窝里侧处（可利用的伤残为虻眼、鞭花、轻微松面、轻微裂面等）、部件的镶接处、片边茬、折边处、压印商标处、鞋舌、沿口处。使用真皮里料时，鞋前腔部及护耳皮等部位的里料可以使用有伤残、缺陷的里料。

从底部件在皮鞋中的作用来看，并非所有底部件的质量要求都是一样的。有些部件要求耐磨，具有弹性、延伸性及可塑性；有些部件要求具有硬度；还有些部件在厚度上有特殊要求；即使在同一部件上也有前后和主次之分。

因此，应根据不同底部件所起的作用来决定其质量要求。在不影响产品质量和外观的前提下，采用拼接等方法，充分利用各类伤残缺陷。例如，除了外底前掌以外，虻点可用于各种底部件；深度不超过1/4的干裂可用于主跟、内包头和半内底；除外底前掌外，脱色可用于外底、内底、主跟和内包头被覆盖的部位；虻眼、痈癞及深度不超过1/3的划伤可用于主跟、内包头和半内底。

正确使用伤残缺陷的方法有以下几种：

1. 遮盖法

将底革上的一些轻微缺陷放在成鞋被掩盖的部位或不外露的部位上使用。底革上的轻微缺陷一般是指粒面略粗，有蚤疔、鞭花、虻点、脱色等。这类伤残缺陷的特点是：革的内在质量较好，具有一定的硬度和厚度，但外观上有轻微的伤残缺陷。因此，根据底革部件的质量要求，可以采用遮盖法使用这类伤残缺陷。

如果成品鞋需要黏合鞋垫，其内底部件就可以使用带有这类伤残缺陷的底革。如果成品鞋不需要黏合鞋垫，而且属于满帮鞋，其鞋前尖内腔处及后跟部位黏合后跟垫处均可以使用带有这类伤残缺陷的底革。半内底是夹在内底和外底之间的，除皮质松软的材料不能使用外，其他有轻微伤残缺陷的底革均可以充分利用。主跟、内包头是装在帮面和帮里之间的，也可以使用这类有轻微伤残缺陷的底革。

2. 拼接法

由于天然底革的张幅大小，伤残的位置、深浅、大小等均不一致，因此，在下裁较大的部件时，往往难以做到严密套划。为了保证底革的充分利用，可以在部件的次要部位采用拼接的方法，合理使用伤残缺陷。例如，外底裁断时，在保证前掌部位质量的前提下，其后跟部位可以采用拼接的方法，使用一些有伤残缺陷的底革，但拼接长度不得大于后跟部位的 2/3，拼接处不得使用伤残缺陷的底革。另外，鞋跟里皮可以使用拼接法，充分利用有伤残缺陷的底革。

3. 下脚料利用法

当底革厚度达不到底部件厚度要求时，可以从下脚料中选取一些软硬适中的底革，粘接衬贴在厚度不足的底革上，制作主跟、内包头等部件，也可以衬垫在腰窝部位勾心的四周。

五、合理套划

帮部件和底部件的形状多种多样，而且不规则，在裁断时，部件与部件之间不可能严丝合缝，没有空隙，这样势必产生原材料的损耗。另外，天然皮革的形状不规则，存在着部位差、力学性能的各向异性和表面伤残等，这些因素同样会影响原材料的有效利用。因此，掌握合理的套划方法对于提高出裁率、降低产品成本具有重要的意义。在生产实践中大量使用的套划方法有：

1. 直向平行互套法

部件的主纤维走向与皮革背脊线平行，见图 3—7。采用直向平行互套法裁断出的部件符合工艺要求，下裁后的余料边缘整齐，有利于套划其他部件。常用于前帮、前盖、后帮、鞋舌、外底、内底、主跟、包头等部件的下裁。

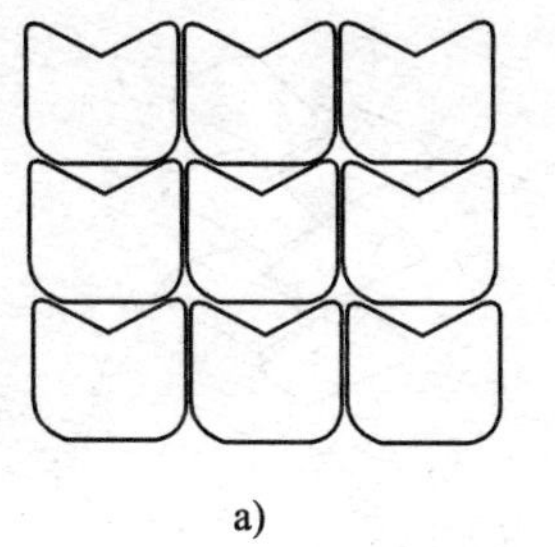

a)

b)

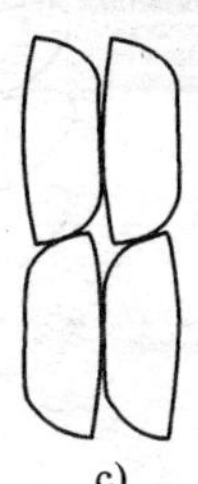

c)

图 3—7　直向平行互套法

a）鞋舌　b）内包头　c）主跟

2. 斜向平行互套法

斜向平行互套法又称斜形互套法、梯形互套法、一上一下互套法。部件间主纤维走向平行，而且与背脊线成 20°～25°夹角，见图 3—8。使用斜向平行法容易做到排料严密，裁断出的部件可以符合工艺要求。裁断时，由于是按左右脚的部件进行的，因而同一双鞋部件的粒面粗细、色泽、纤维编织、绒毛、强度及厚度等指标基本相同。常用于前帮、外底、中底、内包头等部件的下裁。

图 3—8　斜向平行互套法

a）前帮　b）内包头

3. 人字形互套法

部件的主纤维走向呈人字形排列，而且与背脊线成 30°～40°的夹角（见图 3—9）。常用于简单、受力小的部件，如包头、鞋舌、高腰靴后帮、内包头、外底等部件的下裁。

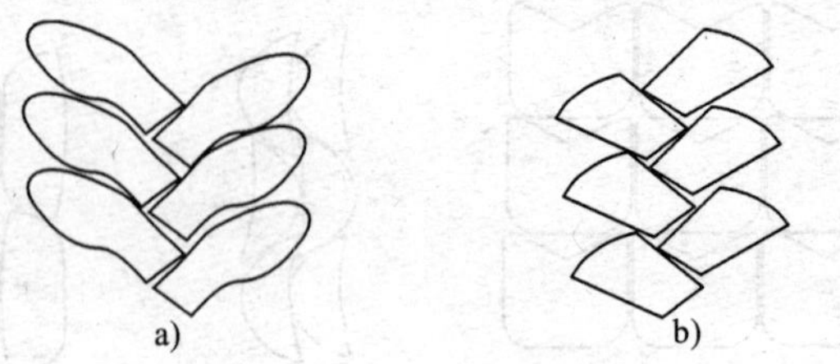

图 3—9　人字互套法

a）半内底　b）后帮

4. 等差间续互套法

部件呈直向排列或斜向排列，间隔相同（间隔为一个部件或多个部件），部件间互相插入，连续套划（见图 3—10）。常用于高腰靴后帮等的下裁。

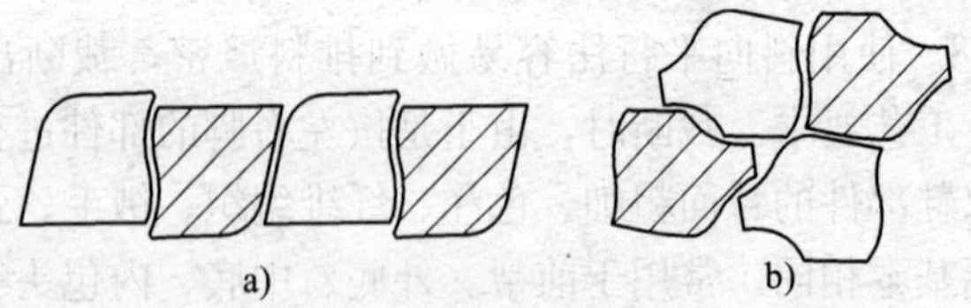

图 3—10　等差间续互套法

a）后帮　b）后中帮

六、管理到位

裁断车间的人员组成包括裁断操作人员和裁断管理人员。裁断操作人员必须懂得皮料选材及排版技术，裁断管理人员必须熟悉成本控制及管理方法，只有这样才能使质量及效率得到提高。

裁断操作人员必须具备专业知识、判断力、敏捷性及数字概念，裁断工序是决定一双鞋子好坏的源头，但由于生产环境的影响，将无法判断裁断技术的优劣，这一点必须加以改善。

对于裁断操作人员来说，必须非常了解皮革的特性，如皮革的品质等级、瑕疵的取舍、部件受力方向与皮革的性能关系。在排料方面要了解排版技巧，如直线对直的、弧度对弧度、第一片落刀位置、凸对凹、凹对凸、不得有切角；要掌握合理套划的基本方法，如直向平行套裁法、斜向平行套裁法、人字形互套法、等差间续互套法等。对配双、流水标要有一定的认识，能够根据贸易商以及质量管理者的要求进行裁断。

裁断管理人员必须了解管理的需求。每天早上除了正确地安排工序，制定一系列的标准，确定每一位裁断操作人员每天的标准产量。还要巡视现场，检核裁断操作人员的皮料选材技术及排刀技术是否正确，检查是否存在时间和材料上的浪费。

第四节　消耗定额的制定方法

在大规模的皮鞋生产过程中，企业一般都要制定材料的消耗定额，以便于生产和经营的管理。在消耗定额中，面料的消耗定额尤为重要，因为面料成本占原材料成本的60%以上。

一、制定消耗定额的意义

根据消耗定额，企业可以有计划地购买原材料，保证生产顺利进行，减少库存积压量；便于核算产品成本和利润，提高企业科学管理的水平；可以考核员工的技术水平，从而促进员工努力提高技术水平，降低产品成本。

二、消耗定额的制定依据

消耗定额的制定应该具有先进性。在裁断工序中，员工操作的熟练程度不同，技术水平有高有低，因而在合理套划、有效利用伤残、提高出裁率等方面差别很大。因此，在制定消耗定额时，应以员工经过努力学习能够掌握的技术水平为基础。

消耗定额的制定应该具有科学性。制定的消耗定额先进、合理、实用，必须以科学的理论为依据。在选用原材料时，要选用具有代表性的、综合质量（包括粒面、绒毛、色泽、纤维编织、力学性能、伤残、等级、利用率等）居中等水平的原材料；选用下料样板时，男鞋选 25 号半，女鞋选 23 号；套划时遵循灵活运用的原则，制定的消耗定额应经过检验。

消耗定额不能一成不变。随着技术水平的不断提高，原材料的单位产品消耗也随之降低；另外，由不同供应商提供的原材料或在不同时间采购的原材料，其质量及利用率也不尽相同，因此，必须不断修订、调整和完善消耗定额。

三、消耗定额的制定方法

1. 实验测定法

用做好的下料样板直接在一片面革上进行套划，这块面革从粒面、色泽、绒毛、伤残、等级、利用率到力学性能等方面都具有代表性。套划时，应严格遵循先大后小、先主后次、好坏搭配、合理套划、合理利用伤残、顺丝套裁等原则进行，并尽可能套划成双，以便于计算。如果不能套划成双，应当将剩余的材料集中起来，按下面的公式进行计算：

消耗定额＝（原料总面积－剩余面积）÷套划双数

实验测定法的优点是简单、快速，制定的定额比较准确，而且切实可行，适用于小批量、多品种的产品生产。缺点是无部件消耗定额，不能准确地计算因皮革等级变化而引起的损耗量的变化。

2. 计算法

实验测定法中所使用的计算公式可以改写为：

消耗定额=(单位产品净用量总和+损耗量总和)÷套划双数

在生产实践过程中，对损耗量总和及套划双数的统计，既繁琐又不符合生产实际，因而往往采用单双测定计算法。

将准备好的下料样板直接在厘米纸上套划，同样要严格遵循先大后小、先主后次等原则，并且尽量使样板排列成矩形或平行四边形。将一双鞋的样板套划完毕后，描绘出所有样板的轮廓线，利用平行四边形求积法，计算单位产品净用量（见图 3—11)。按照下面公式进行计算：

消耗定额=单位产品净用量+单位产品损耗量

=单位产品净用量×(1+损耗率)

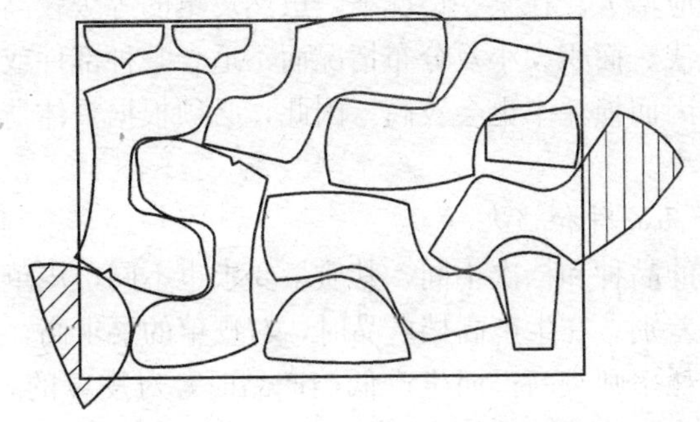

图 3—11　消耗定额的计算

四、损耗率的影响因素

对损耗率有影响的因素主要有以下几个方面：

1. 部件的大小及形状

大块部件（如高腰靴靴筒、整帮式鞋的前帮等）的面积大，位于鞋靴明显的部位，不能带有明显的伤残，因而其皮革的利用率较低，即损耗率较高；而小块部件（如条带、鞋舌等）的面积小，容易避让和利用伤残，因而皮革的利用率较高，即损耗率较低。

另外，损耗率的大小与部件的形状也有关系。部件的形状规整，则容易进行套划，出裁率则大；部件形状不规整，则不易进行套划，出裁率低。例如，传统三接头式鞋的包头线为直线或近似直线，而意大利的式样中还有燕尾式，相比之下前者容易进行套划，损耗率较低；后者不易进行套划，损耗率较高。

对于某种产品，由于其部件大小或形状的原因而不易进行套划时，可以将两种或三种产品进行混合套划。

2. 天然皮革的等级与品质

天然皮革的等级或品质越高，材料的利用率也就越大。因此，对于优质皮革，其损耗率应小。随着皮革等级的降低，其损耗率也相应增大。在某些情况下，虽然皮革的等级较高，但由于伤残的深浅、面积大小及分布情况而不适合某种部件或某种产品的套划，因而损耗率也会较高。因此，必须根据具体情况，灵活调整损耗率。

3. 产品品种和档次

产品的品种和档次不同，其质量要求也不同，皮革的利用率也必然有差别。在生产高档产品时，对皮革的要求高，其利用率较低，损耗率则较高；而生产低档产品时，对皮革的要求不高，因而其利用率较高，损耗率较低。某些产品（如劳保鞋）需要有相应的保护功能（如防静电、防穿刺、防油、绝缘、防砸等）和基本的质量要求（如不开胶、不断线、不断底等），对外观要求不高，因而皮革的利用率较高。

4. 尺码大小

尺码大小不同，其消耗定额也不同。中号一般是指企业要对某个产品进行全码生产，若进行定码生产时，基本消耗定额的制定应该按照定码的平均尺寸进行。

目前产品品种日益增多，在制定消耗定额时，应该综合考虑产品的档次、部件的大小和形状、皮革的等级与质量等因素，灵活调整皮革的损耗率，制定准确、合理、实用的消耗定额，努力降低生产成本，提高经济效益。

习　题

1. 如何正确操作液压裁断机?
2. 天然革手工裁断和机器裁断的过程及注意事项是什么?
3. 在裁剪合成革、毛皮及纤维织物时应注意哪些问题?
4. 提高出裁率的原则有哪些? 影响消耗定额的因素有哪些?
5. 裁断车间的工作人员应该具备哪些素质?

第四章　制帮工段

鞋帮装配是鞋类加工过程中最重要的组成部分，是指经过技术加工、整型处理的鞋帮零部件，通过一定的工艺手段，将其连接、组装成整体鞋帮的全过程。在制鞋企业中，通常把有关鞋帮装配的工序合起来称为制帮工段，并将它们安排在同一个车间，这个车间称为制帮车间或针车车间。

第一节　制帮工段生产设备的认识和使用

我国制鞋企业的缝纫设备包括各种电动的工业缝纫机（俗称针车），有单针高头缝纫机、双针高头缝纫机、曲线缝纫机（俗称万能车）、平缝机、锁边机等。为了提高工作效率，设备生产厂家或制鞋企业还在缝纫设备上安装各种小型辅助工具，如卷边器的安装可以使包边与缝纫同步进行。

一、各种常用针车的认识

1. 平缝缝纫机

平缝缝纫机（见图 4—1）适用于服装、鞋帽、皮件、箱包等薄、中、厚料件的缝纫，具有高速、单针、直线锁式线迹等特点，倒顺机构缝纫，操作灵活方便，运转平稳，缝线牢固，线迹美观。

2. 单针高头缝纫机

单针高头缝纫机采用单针、滑针排线、立式旋梭色线、立柱式缝台以及滚轮压脚，适用于皮革、箱包、鞋类、皮包等的缝合作业及转角缝纫。单针高头缝纫机 810 见图 4—2，单针高头缝纫机 861 见图 4—3。

图 4—1　平缝缝纫机

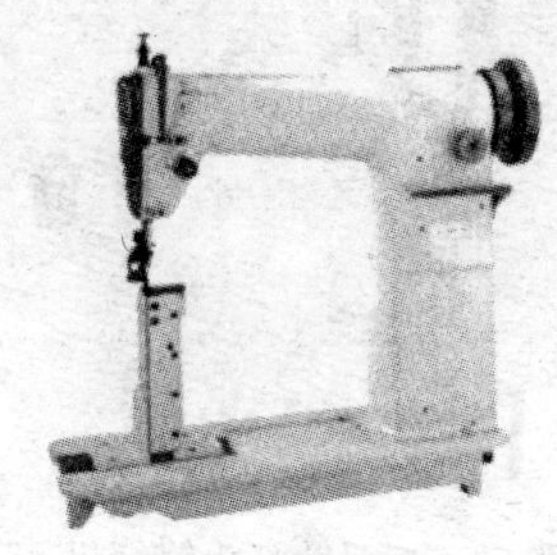

图 4—2　单针高头缝纫机 810

3. 双针高头缝纫机

双针高头缝纫机采用双针、双滑针排线、双立式旋梭色线、双立柱式缝台及滚轮压脚，适用于皮革、箱包、鞋类、皮包等的缝合作业及转角缝纫。双针高头缝纫机 820 见图 4—4，双针高头缝纫机 862 见图 4—5。

图 4—3　单针高头缝纫机 861

图 4—4　双针高头缝纫机 820

4. 拼梭缝纫机

拼梭缝纫机（见图 4—6）又称人字缝纫机、曲线缝纫机，可在薄、中、厚料件上做直缝、曲缝、拼缝、包边缝、花纹缝等作业，针位可左、中、右调节，一机多用，能够形成绚丽多彩的装饰图案。

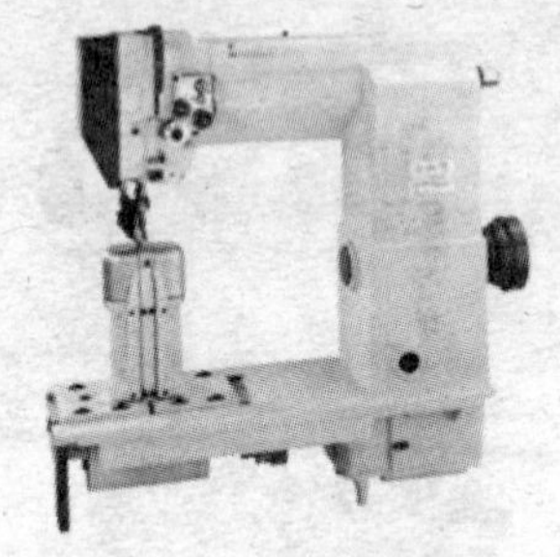

图 4—5 双针高头缝纫机 862

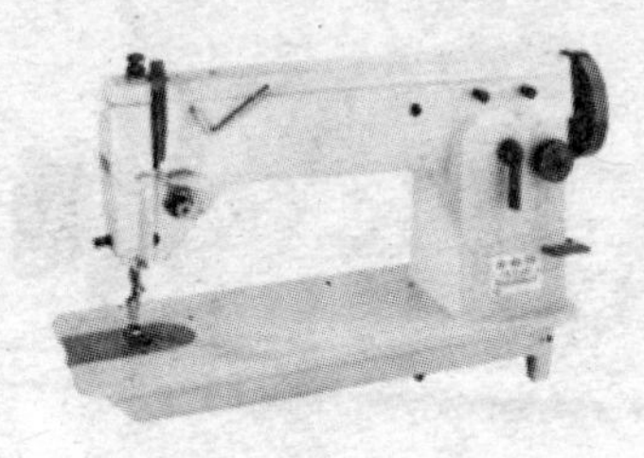

图 4—6 拼梭缝纫机

5. 电脑缝纫机

电脑缝纫机（见图 4—7）适用于制作厚薄不同的各种棉、化纤等面料，能绣出记忆在其中的图案，可自检上线、断线，自动停止。用外部控制旋钮，可在 200～2 500 r/min 范围内任意控制缝纫速度。

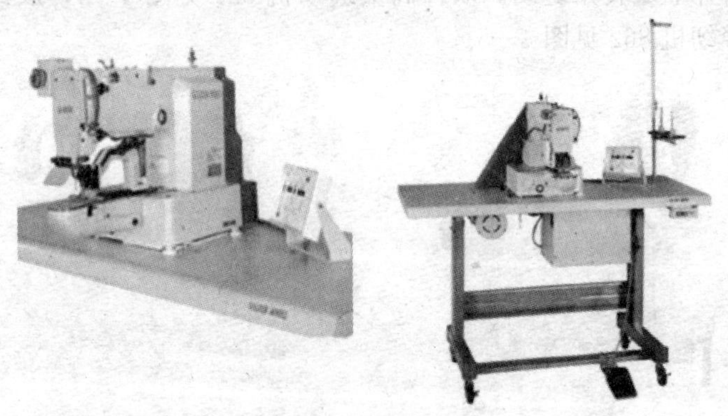

图 4—7 电脑缝纫机

通过以上介绍，可以对制鞋常用的各种针车设备有比较直观的认识。每一种针车都使用在制帮工艺的不同工序中，专用设备的使用可以提高生产效率。

二、针车的使用方法

每一种针车都有机针、挑线、旋梭、送布四大成缝机构，由电动机传动。在缝制过程中，必须保证缝针、缝线、缝料三者规格匹配才能形成正确的线迹。以下以平缝缝纫机为例说明针车的使用方法。

1. 装置机针

转动上轮，使针杆上升到最高位置，旋松机针固定螺钉（见图 4—8），机针的长槽应位于操作人员的左面，然后把针柄插入针杆下部的针孔内，使其碰到针杆孔的顶部为止，再旋紧机针紧固螺钉，以固定机针。

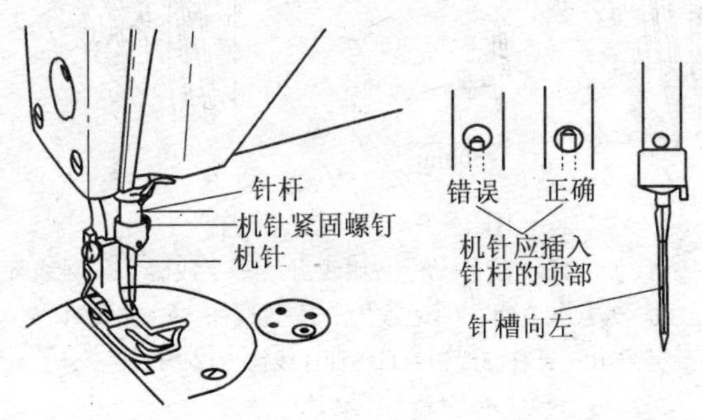

图 4—8　装置机针

2. 穿面线和引底线

穿面线的顺序见图 4—9。自线团来的面线，先穿入顶部的过线板的右孔中，经过夹线板，自左孔中引出，再经过三眼线钩的三个线眼，向下套入夹线器的夹线板之间，再勾进挑线簧，绕过缓线调节钩，向上勾进右线钩，再穿过挑线杆的线孔，然后向下勾进左线钩、针杆套线钩、针杆线钩，最后将缝线自左向右穿过机针的针孔内，并引出 50 mm 左右的线头备用。

引底线时，先将面线捏住，转动手轮，使针杆向下运动，并回升到最高位置。然后拉起捏住的面线线头，底线即被牵引上

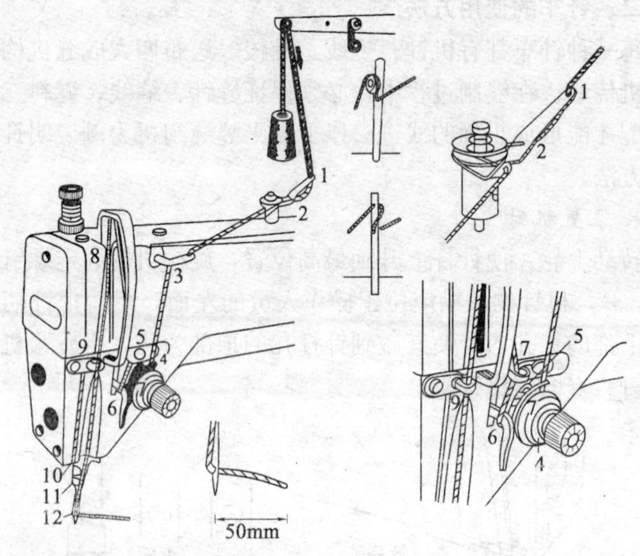

图 4—9 穿面线的顺序

1—过线板 2—夹线板 3—三眼线钩 4—夹线器 5—挑线簧
6—缓线调节钩 7—右线钩 8—挑线杆 9—左线钩
10—针杆套线钩 11—针杆线钩 12—机针

来。最后把底、面两根线头，一起置于压脚下面。

3. 绕梭心线

把梭心插入绕线器轴的顶端上。自线团来的线，先穿入过线架的线孔中，再夹入两块夹线板的中间，然后把线头在梭心上绕上几圈，把满线跳板向下掀压，绕线轮即压向皮带，在缝纫过程中就能自动绕线。梭心绕满后能够自动跳开并停止。

梭心线应排列整齐而紧密，如果排列不紧，可以加大夹线板的压力；如排列不齐，则要移动过线架的位置进行调整。调整时，先松开紧固螺钉，然后左右移动过线架，使之自动排列整齐后，拧紧紧固螺钉。梭心线不要绕得过满，否则容易散落。一般绕到小于梭心外径 0.5～1 mm。绕线量可以用满线跳板的螺钉加以调节。

4. 穿梭子线

将绕满底线的梭心（见图 4—10）放入梭子内；把线头拖进线槽中；使线头滑入梭皮的下面，再将其拖进梭皮端部的导线孔内，最后引出 100 mm 左右线头备用。

5. 装梭子和取出梭心

如图 4—10 所示，捏住梭门盖，把梭子插入旋梭架的轴心上。放下梭门盖，推动梭子，使梭门闩住轴心端部的槽口。观察在上轮转动时，梭子是否闩牢。

取出梭心时，转动上轮，将针杆提升到最高位置，拉开推板将梭子的梭门盖扳开，即能取出梭子。然后将梭门闭合，再将装有梭心的一端向下，梭心便自行落下。

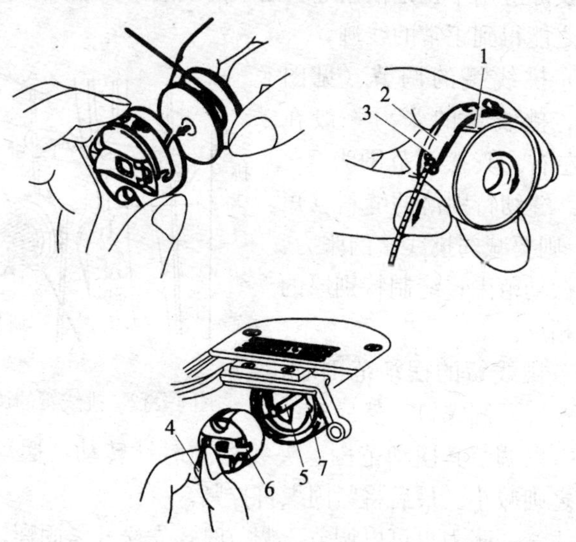

图 4—10　穿梭子线、装梭子

1—梭心　2—梭皮　3—线槽　4—梭门盖　5—轴心

6—梭子　7—梭壳

6. 针距长短调节和倒顺送料控制（见图 4—11）

针距的长度可以用转动针距旋钮来调节，逆时针转动，针距调长；顺时针转动，针距调短。需要倒向送料时，可以将倒送扳手向下掀压，即能进行倒送。手放开后，倒送扳手能自动复位，这时又恢复顺向送料。

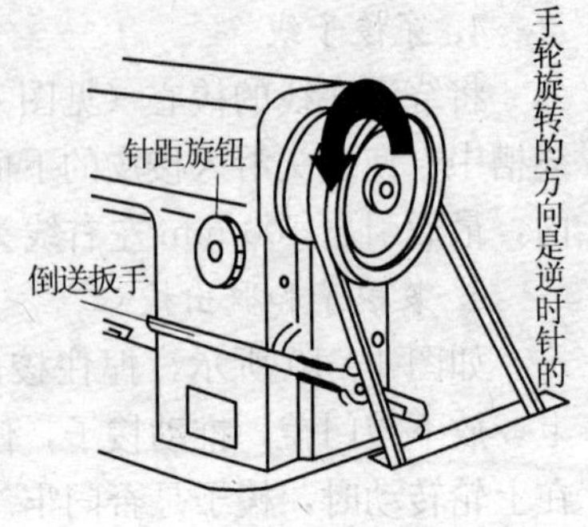

图 4—11 针距长短调节和倒顺送料控制

7. 缝线的张力

缝线的张力要根据缝料的差别、缝线的粗细以及其他一些因素而变动。

在实际应用中，是依据缝纫出来的线迹来调整底、面线的张力，使之能得到正常的线迹。

（1）挑线簧的调节（见图 4—12）。挑线簧的张力一般在 0.2 N 左右。其摆动范围为 7～10 mm。缝纫特别薄的缝料（短针距），则要减弱挑线簧的张力，放宽其摆动范围；缝制特别厚的缝料则相反。

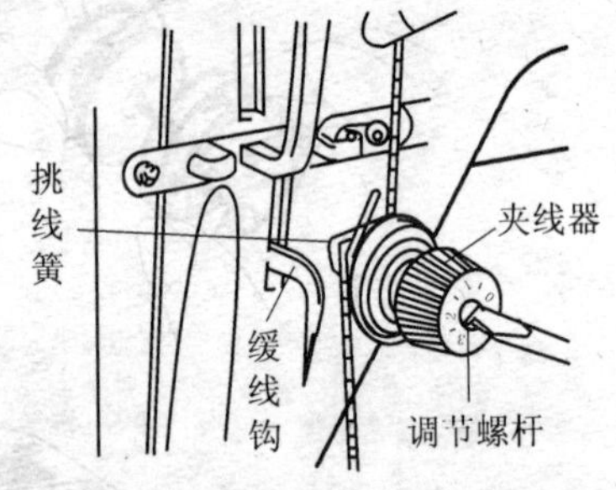

图 4—12 挑线簧的调节

调节挑线簧的摆动范围时，可以先松开紧固螺钉，然后转动夹线器，以调节其摆动范围。夹线器顺时针转动，摆动范围增大；反之则减小。最后将紧固螺钉拧紧。

挑线簧的张力也可以调节。调节时，先松开紧固螺钉，将夹线器整个取出，再松开另一紧固螺钉。这时，夹线螺钉就能转动，顺时针转动时，张力增加；反之则减小。调节好后，按照同样的方法将夹线器装好。

通常，机器在出厂前，挑线簧均已调整妥善。因此，只有在缝纫特殊的缝料或使用特殊的缝线时，才需要重新进行调整。

（2）底面线张力的调整。面线、底线绞结见图 4—13。缝纫物的线迹见图 4—13a，针码必须松紧适当，上下线咬合点位于缝合物厚度的 1/2 处。如果线迹不正时，应对底、面线的张力加以调整，使之达到正常的线迹。

如果面线太紧、底线太松，则应逆时针旋转夹线螺母，以减小面线的压力，并用小型旋具旋紧梭皮螺钉，加大底线的压力，见图 4—13b。

如果面线太松、底线太紧，则应顺时针旋转夹线螺母，以加大面线的压力，并用小型旋具旋松梭皮螺钉，减小底线的压力，见图 4—13c。

如果出现底、面线均过松的情况，见图 4—13d、图 4—13e，可以参照上述方法加以调整。

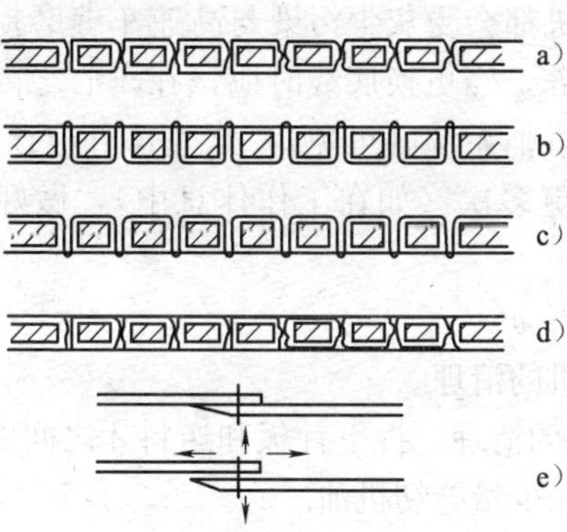

图 4—13　面线、底线绞结图

1）正常线迹。底线、面线交锁在缝料中部。

2）面线紧、底线松的线迹。缝线交锁部分在缝料的上面。

3）面线松、底线紧的线迹。缝线交锁部分在缝料的下面。

4）面线、底线均松的线迹。缝线虽然交锁在缝料中部，但底线、面线浮在缝料的表面上。

5）面线、底线均松所造成的松动摩擦剪切。

8. 压脚的压力调节

压脚的压力要根据缝料的厚度加以调整。缝纫厚料时，应加大压脚的压力。这时，可以将机头顶部的调压螺钉按逆时针（厚）方向转动；反之，缝纫薄料时，可以按顺时针（薄）方向转动调压螺钉，以减小压脚的压力。

压脚的压力应该以正常推送缝料为度，尽量轻松一些。

9. 线钩的调节

根据缝纫物的厚度和针距长度调节好线钩的位置后，能使缝纫的线迹更为整齐。在缝纫厚料时，松开螺钉，将线钩向左移动，以增加线量。在缝纫薄料时，往右移动线钩以减少线量。

三、常用针车的保养知识与简单故障排除

每台缝纫机都会受灰尘污染与高速车缝磨损，有必要进行每日清洁与保养，当更换底线时应该在车心之内滴入一些滑润油（如属自动供油系统则可免），此外每日应该清洁车心 1～2 次，或者擦拭更多次（如在工作休息中），做好整台针车的保养工作。

1. 针车的维护

（1）缝纫机的清理

1）送料牙的清理。拆下针板和送料牙之间的螺钉，清除布毛、灰尘，并加少量缝纫机油。

2）梭床的清理。梭床是缝纫机工作的核心，也是最容易出现故障的地方，因此，要经常清除污物并加少量缝纫机油。

3）其他部位的清理。缝纫机的表面和面板内的各部位都应经常清扫，以保持洁净。

（2）缝纫机的加油润滑。必须使用专用的缝纫机油。缝纫机

连续使用一天或几天后就应该加一次油，如果在使用之前加油，抬起压脚，使机器空转一段时间，使油充分浸润并甩出多余的油，再用干净的软布将机头和台面擦干净，以免弄脏缝料，然后穿线缝碎料，利用缝纫线的运动擦净甩出的油，直到碎料上没有油迹为止，再进行正式缝制。

各加油孔与加油部位的加油量不必过多，用小油壶每次加1～2滴即可。加油部位包括以下几个部分：

1）机头上的各个油孔，润滑上轴以及与上轴相连的部件。

2）面板内部的部件及各部件连接的活动部件。润滑压脚杆和针杆以及与其相连的部件。

3）机器板下部部件的活动处擦净并加少量的油。

（3）保养缝纫机的注意事项

1）工作完毕后，将机针插入针孔板内，抬起压脚，还要使用机罩盖好机头，以防尘屑侵入。

2）每天开始工作时，先检查主要机件，踏起来轻重情况如何，有无特殊声音，机针是否正常等，如发现不正常现象，应当及时检修。

3）机器使用相当长时间后，要进行一次大修，如果发现磨损较为严重的零件，要更换新的。

2. 针车常见故障种类

针车常见故障、原因及处理方法见表4—1。

表4—1　　针车常见故障、原因及处理方法

常见故障	可能产生的原因	处理方法
断针	1. 机针太细或缝料坚厚	1. 机针、缝线及缝料应搭配合理
	2. 机针弯曲	2. 更换机针
	3. 机针高低位置不对，方向错误	3. 校正机针位置
	4. 缝纫时用力推拉缝件	4. 稍加扶持，切勿用力推拉

续表

常见故障	可能产生的原因	处理方法
跳针	1. 机针与旋梭的侧隙和高低位置不对以及方向错误	1. 按说明书标准校正
	2. 机针弯曲	2. 更换机针
	3. 针板容针孔太大，机针和缝料的厚薄不相称	3. 针杆下降一点，以增旋梭返回量（薄料）
	4. 底线张力和压脚压力过弱	4. 增大底线张力和压脚压力
断线	1. 缝线质量不好	1. 换用优质缝线
	2. 机针与缝线粗细不相称	2. 参阅机针与缝线的选择部分
	3. 过线部位表面粗糙	3. 换上新零件，抛光过线处
	4. 夹线力过紧	4. 放松夹线螺母
	5. 机针位置装错	5. 校正机针和旋梭的配合及位置
	6. 机针过热，熔断化纤线	6. 将机针冷却
	7. 底线张力太弱	7. 调整底线张力
浮线	1. 旋梭质量不好，安装位置不正确	1. 换上新旋梭，增加旋梭返回量
	2. 机针太细	2. 选用粗机针
	3. 送料牙太低	3. 抬高送料牙
	4. 面线张力弱	4. 增大面线张力
	5. 压脚有问题	5. 减小压脚沟槽的根部离针距离，换压脚
	6. 挑线簧张力弱	6. 增大挑线簧张力
线迹歪斜	1. 面线张力太大	1. 减弱面线张力
	2. 机针太细或太粗	2. 选用适当的机针
	3. 机针安装不正	3. 校正机针方位
	4. 针杆过线孔太大	4. 使用小孔的针杆过线

续表

常见故障	可能产生的原因	处理方法
缝料起皱	1. 面线张力太大，挑线簧张力过大	1. 减弱面线张力和挑线簧张力
	2. 针板、压脚不光滑，配压不当	2. 抛光针板、压脚面，并调整压脚的压力
	3. 送料牙运动快于针杆	3. 将送料牙速度调到标准或略慢于针杆
	4. 送料牙倾斜或太高（高于 0.8 mm）	4. 把送料牙调到前高后低，降低送料牙高度
	5. 机针太粗	5. 选用细机针
	6. 梭心太重	6. 减轻梭心重量或换上新的铝梭心
	7. 针板容针孔太大	7. 用小孔针板

四、帮面制作中常用的其他设备

1. 削边机（见图 4—14）

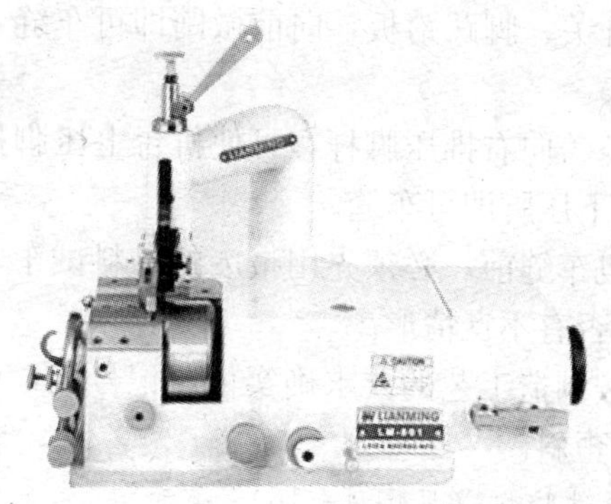

图 4—14 削边机

（1）功能：将材料压茬部位的边沿削出坡茬。

（2）操作说明：

1）启动开关后，检查电动机运转是否正常。

2）启动开关时，不得同时踩踏板。

3）进行削边作业前，应先设定正确的削边斜度、宽度、厚度。

4）送料砂轮与刀刃之间的间隙应依照材料厚度适当调整。

5）送料砂轮不可摩擦刀刃。

6）进行削边作业时，磨刀砂轮开关应置于原位（静止状态）。

7）机器未使用时，应关上电源。

8）每日下班时，应更换收集材料屑的垃圾袋。

2. 拉帮机（见图 4—15）

（1）功能：将帮面的帮脚与中底布车缝在一起。

（2）操作说明：

1）操作人员必须经过车间班组培训合格后方可上岗。

2）使用 DP5×21 号车针或 DP5×18 号车针，使用一根面线，操作前必须将线按顺序穿好。

3）打开开关，脚踩踏板，向前微踏即可车缝，向后踏，即可停止。

4）右脚膝盖向右推压脚杆，可使机台上压脚抬起，然后用手抓好材料放下压脚即可车缝。

5）拉帮机车缝前，必须先用报废的材料试车，以检查针车是否正常，是否有不良情形。

6）必须按制造工艺的要求确实依照记号点，点位车缝，否则会造成帮面歪斜。

3. 热熔胶过胶机（见图 4—16）

（1）功能：将帮面的手工刷胶改为机械式自动上胶。

（2）操作说明：

1）打开电源，进行胶槽预热，将胶槽温度调整至150～

图 4—15　拉帮机

图 4—16　热熔胶过胶机

170℃，辊轮温度调到 170～190℃，让热熔胶快速熔化，以便进行作业。

2）预热约 20～30 min，如胶量使用较多时，需要常加胶块。

3）根据材料厚度来调整过胶机，调到工作物通过涂胶辊时有适当压力即可。

4）在关机前 5～10 min，可先将电源关闭，使涂胶辊及胶槽温度降低，以防止涂胶辊以及胶槽中的热熔胶碳化。最后可以关上辊轮开关。

5）设备运作时，禁止将手伸入流动区域，当物料卷入时，应先关上辊轮开关，再将物料取出。

6）当辊轮上有胶水时，应用针车油去除干净，以免隔日工作时胶水不均匀。工作台需要保持干净，不要让胶水污染机器。

4. 打钉机（见图 4—17）

（1）功能：在帮面制作中装配金属眼扣或眼钉。可自动连续装钉，以提高生产效率。

（2）操作说明：

1）操作人员必须经过车间班组培训合格后方可上岗。

2）使用前将工艺所要求的眼钉分别装入底钉与面钉的容器中，并疏通导钉槽，保证眼钉在导钉槽中滑动顺畅。

3）使用时先使用报废帮面试运转，检查眼钉是否平顺，是否有色漆脱落的现象，如有异常，可以要求机修人员给予调整。

4）打钉时将帮面打钉处于打钉机的导钉柱上，踩下踏板，完成一次打钉作业。

5）在工作过程中，如果有眼钉卡住，一定要先切断电源，确保设备不在运转时，方可清除打钉机上的残钉。

图 4—17　打钉机

5. 修边机（见图 4—18）

（1）功能：可以模拟手工用剪刀修剪边角多余内里，也可以用于橡胶大底生产时边角余胶的修剪。可连续进行修剪动作，使用方便，效率很高。

（2）操作说明：

1）操作人员必须经过车间班组培训合格后方可上岗。

2）修边前应检查设备刀口是否锋利。

3）按制造工艺书规定进行操作，手势要得当。

4）修剪掉的余料用垃圾筐接住，不可掉落在地板上，下班前要及时清理。

5）修剪要平顺、整齐，不要出现锯齿状、破裂或断线，修眼套边时不可

图 4—18　修边机

修断底线，但可剪破材料。

制鞋企业使用的专用设备还有很多，不胜枚举，以上介绍的只是几种常用的设备。在实际生产中，由于工艺的不断创新，将有更多的新式设备被工程师研制出来。

五、操作设备时的安全注意事项

制帮工段完成的鞋帮的装配与制作，所使用的大部分机器设备都是高速运转的电动设备，为了保证生产的正常进行和操作人员的人身安全，针车工应该了解以下安全操作的基本常识：

1. 进车间时，不得佩戴长围巾，长发者不得披散头发，应将头发盘起或扎起，以防围巾或头发被机器绞住，必要时应该穿工作服、戴工作帽。

2. 使用针车时，不得赤脚踩踏板，以防可能的漏电造成人身伤害。

3. 装针时，应用两指捏住针杆往上装，不得用手指肚向上顶针尖；每次缝纫前，要确保操作人员的手不在机针的正下方，以防手被针尖扎伤。

4. 为了保证产品质量和操作人员的健康，不提倡疲劳操作。

第二节　制帮工段作业管理与质量管理

鞋帮部件经过加工后，便可以进行鞋帮的镶接、折捆边、缝合和帮部件的装饰美化等多道工序，最后制成一双完整的鞋帮。

一、制帮工艺流程

在部件缝合之前，一般都需要将两个或多个部件临时黏合在一起，以满足帮部件装配的要求和便于缝合操作。这种将部件临时黏合定位的操作称为部件的镶接。部件与部件的边口相互重叠在一起时，其相互重叠的量称为压茬量或镶接量。部件镶接是部件缝合装配的辅助工序。

常见的镶接一般为两个或多个部件的组合，组合形式多为上下黏合。上面的部件一般称为上压件或镶件，下面的部件则称为被压件、下压件或接件。由于镶接是缝合操作的前期工序和基础，镶接的准确与否将会直接影响到缝合以及成品质量。

因此，镶接操作必须严格按照样板或部件上的标志点进行，以确保成品符合设计标准以及批量产品规格一致。

正确镶接后即可进行缝合，帮面的缝合形式是多种多样的，在同一产品中可能使用了数种缝合方式。从基本的结构形式上看，缝合方式主要有：平缝法、合缝法、压缝法、翻缝法、对缝法、包缝法、嵌缝法、手缝法等。

例如，运动鞋的帮部件和补强多、杂，各针车线班组长应根据技术部门提供的实物卡、现场工艺流程和生产订单，组织人员领料、安排生产，针对现场操作进行合理的调节。质量管理人员协助车管人员指导现场作业，核对材料，把现场的实际困难问题反馈到技术部门，及时追踪解决并安排人员检查鞋面。运动鞋制帮工艺流程见图 4—19。

二、作业管理

作业管理的目的是为了提高生产效率，使企业的利润最大化。在本节中将针车车间生产的各道工序归类整理出七个作业环节。如果每一个作业环节的管理都加以改善，那么针车车间的生产效率一定会有所提高。

1. 配双作业

（1）领料

1）领料员向准备组领料时必须确实做好全号配双的正确点数。

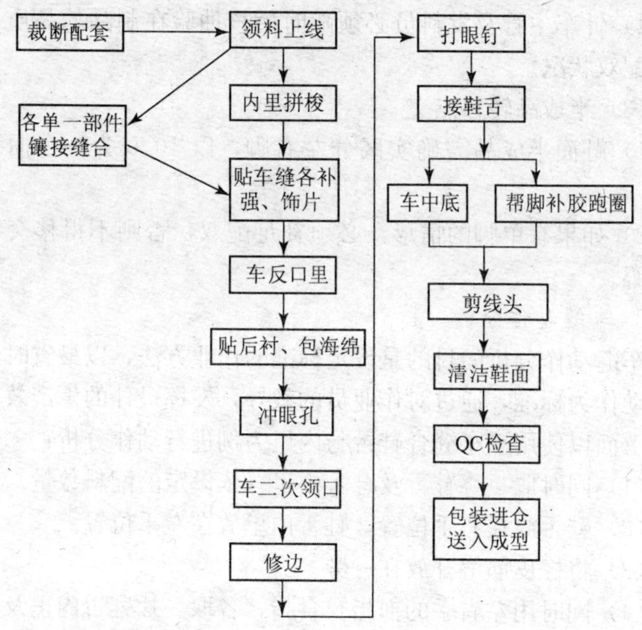

图 4—19　运动鞋制帮工艺流程

2）鞋型有区分左右脚的部件时，应该区分左右脚配件，用橡皮筋捆绑，并点数无误。

3）配料、领料以及塑料周转箱装运，不同号码必须使用不同的周转箱。

4）配件不完整的尺码不予领料。

（2）发料生产

1）配料依派工单内的尺寸、数量，各配件必须再次清点数量，并确认左右脚的部件是否正确。

2）流程中要求各作业在收料时，检查工作传票及配件是否正确，如果不正确必须即时向发料员反映。

3）若有配件故障或车缝造成损坏，及时向发料员反映并补足配件。

4）针车主管及发料员必须随时稽核抽验在制品的品质、数量及配双状况。

（3）半成品转移点交

1）鞋面半成品需确实区分左右脚，以 10 双为一个捆绑单位。

2）如果有单脚的情形，必须补足配双，否则不得移交半成品中心。

2. 车缝动作分析

车缝动作分析的目的是设定标准的作业方法，以最省时、省力的动作为标准，通过对作业员的教导，发挥最佳的生产效率。

下面以使用平车缝合鞋舌与内里为例进行动作分析：

（1）同时取一叠鞋舌及鞋舌内里（依设定的配料数量）。

（2）鞋舌放在右手位置，鞋舌内里放在左手位置。

（3）将橡皮筋解开放在一旁。

（4）同时用左右手的拇指及食指，各取一片鞋舌内里及鞋舌平放于车缝的准备位置，鞋舌在上，鞋舌内里在下，两片重叠对齐。

（5）左右手同时捏住鞋舌及内里送入压脚下（此时右腿触碰压脚靠板提起压脚），对准边距位置开始车缝（此时压脚已放下）。

（6）若为当天第一次车缝项目，则用左手拇指、食指、中指捏住鞋舌及内里，右手捏住上线以及底线的线头。

（7）车缝的顺序为由右而左按其形状车缝。

（8）当车缝至转角处，针必须插入缝料上，然后才能转动缝料而变换方向。

（9）完成以上动作后，缝料应稍往前拉出，并带出约0.5 cm线的余量（若缝料面积较大，线的余量应较多，才不会影响后面的车缝动作）。

（10）车缝第二片时，重复第（4）项以后的动作。

(11) 该叠鞋舌均车完后，右手拿剪刀，左手扶着鞋舌，将所有联结的线剪断。

(12) 将鞋舌叠整齐，用橡皮筋捆好，放入塑料周转箱。

3. 车缝动作经济原则

(1) 人体的使用

1) 降低动作的等级。

2) 小配件的移动以滑动代替拿起。

3) 双手同时工作。

4) 以脚代替手的动作。

(2) 工作站的排列与状况

1) 所有物料及配件的放置位置应在正常的水平及垂直范围内。

2) 工作最好在正常工作范围内完成。

3) 将配件、剪刀预先安排在固定的位置。

4) 设定作业顺序，使作业人员的动作自然而有节奏。

5) 工作站的高度要适当。

6) 注意减少作业人员寻找的迟疑时间。

7) 配件能否预置以利于后续作业。

8) 配件是否放在最有利的位置。

(3) 机器与车缝作业

1) 车缝动作是否可以合并及简化。

2) 车缝停顿的动作是否必须。

3) 车缝转弯的停顿对准，能否在最短的时间用最少的动作完成。

4) 缝料放入压脚下开始车缝，是否先车 2～3 针后再重新握持缝料，或采用连续的车缝动作。

5) 剪线动作是否在整捆配件完成后进行一次作业。

6) 相同工序作业人员的操作方法是否一致。可进行分析比较，并得出最佳的动作组合。

(4) 工作简化的重点

1) 用身体最小的部位工作。

2) 物品放置的位置以最短的伸手距离为原则。

3) 养成双手或手脚并用的习惯。

4) 养成用眼睛余光观察四周的习惯。

4. 发料数控作业

(1) 备料区的配料作业应该掌握号码及配件数量，并核对与派工单（工作传票）内容是否相符。

(2) 如果采用一次全部配料作业，必须在备料完成后再次复验，以确保无误。

(3) 各配料置放周转箱内的位置应建立统一的格式。例如，鞋身片固定放在最右边，以利于目视管理。

(4) 配件种类繁多时，应该尽量采取分次配料作业。

(5) 作业人员收到周转箱时，应协助巡视周转箱内的配件是否完整，对自身所需车缝使用的配件先行清点，若数量有误应立刻举牌反映。

(6) 作业人员完成单元作业的在制品，应叠放整齐，以 10 双为一个单元，放在周转箱内的规定位置。

(7) 回数作业人员的在制品时，发料员应该进行数量清点工作。

(8) 发料员及针车主管应该切实执行先进先出及先发先收的原则。

5. 领料数控作业

(1) 领料员依据针车课长指示各尺寸的生产顺序填发领料单，并提前 2 h 向准备组及裁断组投单。

(2) 每次领料数量以半天的生产数量为原则。

(3) 领料时，依领料单数量、尺寸和准备组发料员当面对点，核对各尺寸及配件数量是否正确并签字确认。

(4) 不同尺寸须以周转箱区分（若以配件类别装周转箱，每周转箱以装 200 双为原则）。

（5）鞋面各项配件的捆绑单位量必须统一（以 10 双或 20 双为一个单位为佳）。

（6）领料员领料时须备指令表，以便核对鞋面各项配件项目是否正确。

（7）领料员必须每日统计领料数量并过入总表，并核对指令表的各号码指定数量是否相符。

（8）针车主管每天必须不定时地抽验领料的数量，以及鞋面配件是否完整正确。

6. 补料作业

（1）补料时机

1）制作过程中欠料（配件）的时候（含作业损坏）。

2）批次鞋面结束、转交半成品仓库的数量与指令不符的时候。

（2）补料作业方法

1）当领料点收数量不符时，要求立刻补足，方予以领料。

2）依设定的预补数领存备用，制作过程中产生的不良部件必须更换时用。

3）每日制程中的损耗及 QC 验退的报废品必须做好记录，进行报废品处理，并进行批次累计。

4）批次结束时，核计实际完成数与指令数的实际欠数（必须核对报废品记录，以便追查其他异常原因），扣除剩余的预补数，即为实际需要补料数量。

5）开补料单及补数作业。

7. 派工单应用管理

（1）依制造通知单的配数，填写派工单的流程顺序（不同批号派工单用不同颜色管理），并标明数量。

（2）派工单一律置于塑料周转箱外侧的派工袋内。

（3）领取针车全部配件，以塑料周转箱与派工单管理针车作业，针车必须依据流程的顺序操作。

（4）每位作业人员完成每一周转箱的个人作业后，在派工单上签名并撕下该作业栏的其中一项，作为作业考核以及计件薪资的凭据。

（5）针车操作完成后，鞋面及派工单转发料员核对数量后，送交品管组检验品质。

（6）质量管理人员依据派工单的资料核对质量状况并记录异常（包括派工单号码、操作者号码、尺码、异常项目、异常数量等），连同不良品交给针车主管，送针车作业人员修改。

（7）数控员将完成检验的合格鞋面，区分号码及左右脚，每10双绑成一束，并累计完成的总数量，装入塑料袋内，收回派工单，将鞋面转交半成品仓库。

三、质量管理

帮面的质量在制鞋企业中是最不容易控制的。因为材料、设备、工人的熟练程度等问题都能对帮面生产过程中的任何一个工序的品质造成影响，而针车帮面生产过程中要经过几十道甚至上百道工序。只有对每一道工序都加以控制，才能保证生产出合格的产品。

1. 针车车间质量检验方法

缝制好的帮套由检验员根据产品的质量标准，对照实物标样进行检验。检验以目测、手摸等感官检验为主，以测量工具检测为辅，对帮套进行逐双检验。

2. 针车产品的检验内容

（1）帮面。同双鞋帮面的粒面粗细、色泽、厚薄、软硬程度、绒毛长短等均匀一致；伤残缺陷的利用符合相关规定，无严重影响外观和内在质量的加工缺陷；前帮质量优于后帮，外侧质量优于里侧；商标的缝制及装饰件的安装牢固。

（2）帮里。帮里部件的镶接及缝合平整无皱，无缺边少料现象；帮里清洁无污，使帮面平顺而无皱褶；边口形体光滑、顺畅，无明显的加工操作伤残；后帮质量优于前帮，里侧质量优于外侧；印号字体大小一致，字迹清晰，位置对称而且准确。

（3）缝线。针码密度、缝线距边的距离、并线间距等缝合指标均匀一致且符合产品质量标准；无并线交叉、浮线、跳线、断线、漏缝等加工缺陷。

（4）结构。同双鞋的帮部件镶接、缝合牢固，结构、形体对称一致。

3. 车缝品质管理的重点

（1）针距、边距依鞋型不同应严格要求，如采取排线方式操作，整双鞋面的针距应当保持一致。

（2）鞋面、内里、接口贴合处应注意贴合位置，真皮鞋面贴合处应削薄。

（3）如鞋型需要打鞋眼孔时，打孔的位置应统一。

（4）修内里需要平整，不可有发齿的情形，而且不能伤及面皮及车线，情形轻微者，其皮面损伤部分可以补漆修整，严重者报废。如果使用内里修边机，应该谨慎操作，避免伤及内里与车线。

（5）使用烘线机烘线屑时应注意不可使皮料变色。

（6）使用港宝或热熔胶时，需要注意钳帮后不可有痕迹显露。面料较薄时，港宝边线最好以削边机加以削薄。

（7）后包片缝合后应先将接合部分予以轮开，再压皮条，则缝合部位的外观较平整，如为半合缝之后包片压皮条后有皱纹出现，则需要重开纸板或在车缝时多车上 2 针。

（8）制作真皮女鞋时，折边应加补强带，目前新式的折边机可在折边时同时夹入补强带，而且补强带不需上白胶，可节省作业时间及人力。

（9）针号及缝线的号数均应符合工艺指示单的要求。

（10）各项接合部位应依照记号点及记号划的位置正确车缝，以免造成鞋面变形。

第三节　运动鞋制帮工艺流程实例

帮套装配的顺序不是固定不变的，而是需要根据鞋的结构、生产设备及工艺条件改变的，运动鞋尤其如此。为便于缝帮工序的进行，有些企业规定了缝帮顺序（见图 4—20）。

图 4—20　缝帮顺序

运动鞋的工艺需要经过帮料裁断、底料裁断、制帮、制底、帮底结合、成品的整饰、检验、包装等。

本节以图 4—21 所示款式的运动鞋为例，介绍其帮面总装的全过程。

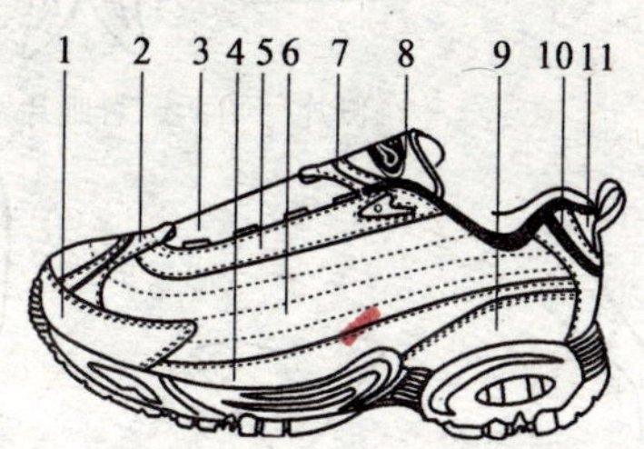

图 4—21　运动鞋各部件名称

1—鞋头　2—前饰片　3—鞋舌　4—护片　5—鞋眼片　6—鞋面　7—鞋舌饰片　8—鞋舌上片　9—侧片　10—后套　11—后上片

一、帮料的裁断及加工

帮料的裁断加工分为裁断、印刷（绢印）、分化、热切、高频、片茬（削皮）、电绣、进仓、配料等，在工厂的裁断车间进行操作，制成针车帮面拼接所需要的部件。图 4—22 所示为本实例所需要的各主要部件。

要制成成品运动鞋帮面，必须了解组成帮面的部件是如何制成的。这里选取在运动鞋生产过程中不可缺少的部件制成工序进行说明。

1. 裁断

裁断是指裁剪断开，裁断工序也称为下料、开料、断料。它是按照技术部门提供的工艺加工的要求，将材料制成各种规定形状的帮部件的过程。

由于运动鞋订单大，交付期短，工厂大量使用机器裁断可以提高生产效率。机器裁断是借助断料机和刀模裁出所需要的帮部件。其生产的部件边沿整齐规矩，适于大批量生产。

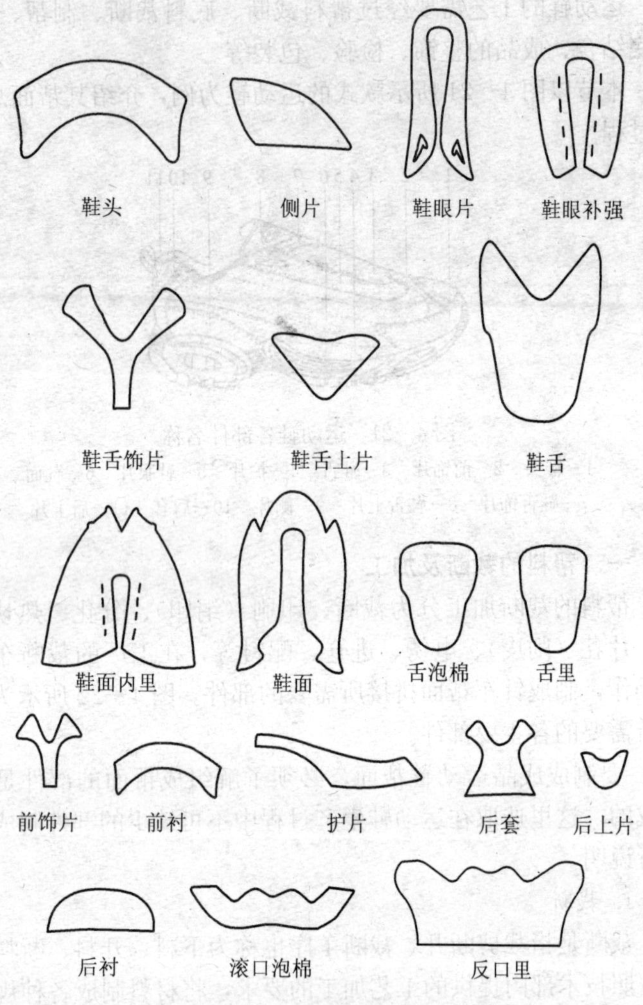

图 4—22　运动鞋各主要部件

2. 削皮

削皮也称片料，分为通片和片边两种类型。片边又分为片折边、片压茬边和片剪齐边三种。

生产过程中最常接触的是片压茬边，该部件四周压茬部分削边 4 mm，留厚 0.7 mm，削边要均匀，削斜度，但不可削破鞋面。鞋面见图 4—23。

部件片压茬边是为了在多部件组装时部件重叠部位不至于太厚，而影响产品的外观及品质。

3. 定位

定位是确定针车生产中部件组合拼组的位置基准。一般使用样板划线或网板印刷，网板操作时一般先冲裁部件的镂空纸板用以固定位置，网板必须干净，网孔不得被油墨堵塞，线条位置正确清晰，颜色正确，鞋面内里定位见图 4—24。

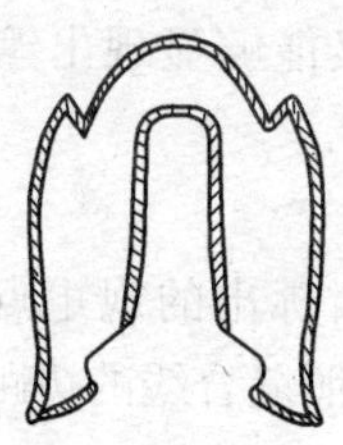

图 4—23 鞋面

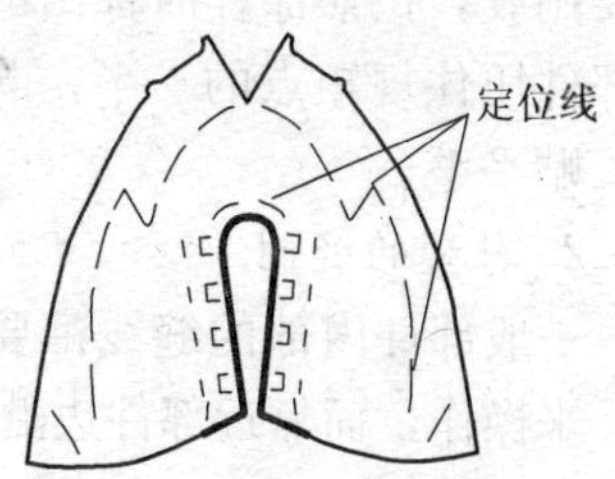

图 4—24 鞋面内里定位

4. 电绣、电脑车扣

电绣是利用电脑绣花机进行帮部件的绣花，主要是商标等装饰图案。

电脑车扣是利用电脑车缝机进行跑圈车有射出片的帮部件（见图 4—25），可大大提高针车效率。在操作之前，必须考虑跑圈位置，使用汽油胶等正确贴扣，可以防止漏车、车歪，此工序有时安排在针车之前。

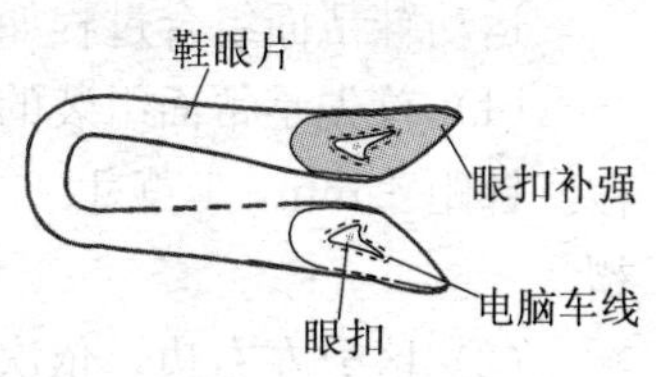

图 4—25 电脑车扣

经过以上等工序将要组成帮面的部件送到配料仓。配料仓人员根据内部配料单进行配料，其负责人应该了解各订单的流程工艺，与各工序的班组长协调好，追踪所欠的部件（特别是针车前道工序的部件和印刷、高频、电绣的部件），以便配套有序按时地进行，保证针车帮面所需要的部件能够正常供应。

二、鞋帮的制作

1. 鞋帮的镶接

镶接缝制前将帮部件按加工技术要求临时性黏合的过程，分为平镶和跷镶两种。镶接一般是对压茬部件、需要贴补强、射出片、织带等的部件的操作。镶接时刷汽油胶，上下两部件都要刷胶，按照涂样时标出的规矩点（也称定位线）进行，上压部件压住规矩点的一半，既不跑样，又能够显现出镶接的位置，贴平整。

2. 鞋帮的缝制

一般部件内部的缝线都要按照涂样时标出的规矩点（定位线）来操作，而靠近部件边沿的缝线是按照缝合线的边距与间距的要求来操作。

缝帮质量的要求为：线迹清晰，无跳线、浮线、断线等质量问题；线迹整齐，针码均匀一致，边距、间距符合要求；线迹流畅，直线正直、圆角圆滑、拐角有棱角，符合规矩点要求。

3. 运动鞋帮面组合实例

运动鞋帮面组合过程如下：

（1）首先是帮面组装的准备工序，将鞋面内里与鞋身补强拼梭。针距 4 mm，1 英寸（2.54 cm）约 7 步针，要拼平整，无皱褶。

（2）区分左右边，依次在鞋里（鞋面内里与鞋面补强拼梭而成）按一般针码边距要求，按定位线在内里上贴车补强，见图 4—26。

（3）然后是车鞋眼织带，车织带时要车一个矩形小线圈，上下层车到位，外露误差不超过 0.5 mm，左右对称，织带先不折入，见图 4—27。

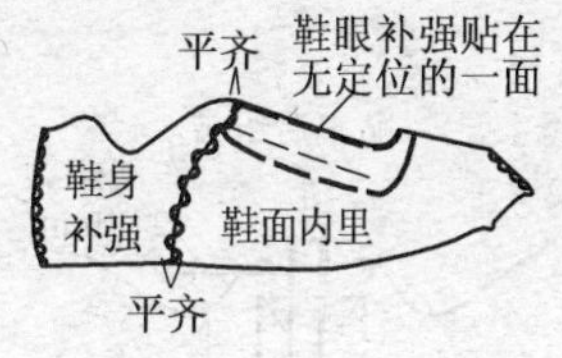

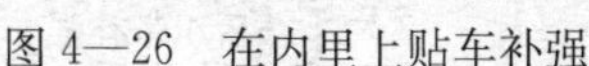
图 4—26　在内里上贴车补强

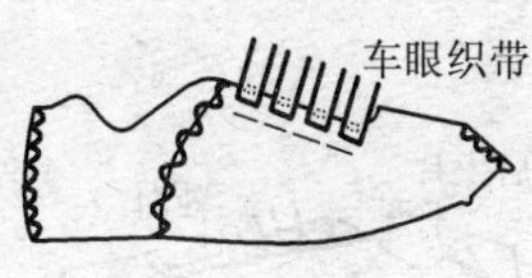

图 4—27　车鞋眼织带

（4）接下来开始帮面部件的装配，帮面缝制时，缝双线，间距为 0.5 mm；缝三线以上，按要求制定或缝大离线间距是 2～3 mm，并线间距也是 0.5 mm。合缝线边距 0.8～1.5 mm，童鞋 0.8～1.2 mm，女鞋 1～1.2 mm，男鞋 1.2～1.5 mm，两头要求倒针 2～3 针。针码控制：牛面革 6～7 针/cm，猪面革 5.5～6 针/cm，羊面革 5～6 针/cm，有涂饰层的皮料（如牛二层皮）或合成革 3.5～5.5 针/cm，根据实际情况，适当调整针码，针码过密容易损伤材料，过稀达不到缝合强力，并要调节针码松紧达到适当的强力，上下线绞结点在 1/2 厚度，无浮线等质量问题。

（5）贴车鞋面边线，接定位贴车鞋面，要求中点一致，离边 1.5 mm 一致车线。车线要求均匀圆顺，鞋面饰线先不车。

（6）按定位点贴车后上片，要求中心点对齐，离边 1.5 mm，针距 3.5～4 针/cm，见图 4—28。

（7）贴后织带补强：在拼缝好的鞋身补强内面中心处按定位将后织带补强贴好，要求贴平整，无皱褶。

（8）按定位点贴车后织带（见图 4—29），外长内短错开 2 mm，车大柜型车线，车线要求均匀顺直，车牢固，端正。车后织带外露长度要一致。

（9）在帮面组装过程中需要另外加工的部件（如贴车补强或

车扣），应按定位线贴平整，然后再车线，一般控制针码 3～4 针/cm，边距 1.2～1.8 mm，拐角要圆顺，无浮线跳针，见图 4—29。

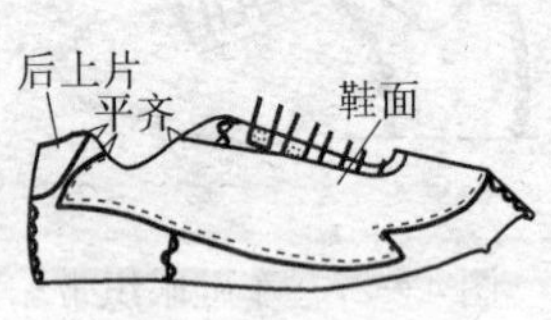

图 4—28　贴车后上片　　图 4—29　贴车后织带

（10）按定位线将已经车好眼扣的鞋眼片贴车在帮面上（见图 4—30），离边 1.5 mm 车线，要求车线均匀圆顺，无浮线、跳线，要车到眼口里。

（11）按定位线贴车护片内、外。注意定位齿对齐。

（12）在前饰片作为前吊带的部分贴上吊带补强。要求贴平整，无皱褶（见图 4—31）。

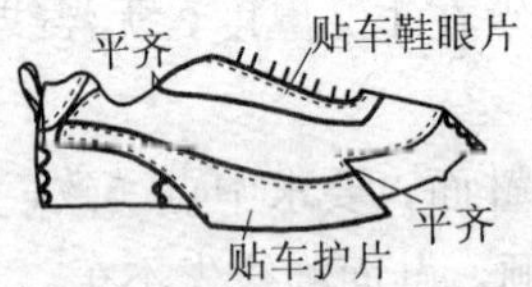

图 4—30　贴车鞋眼片和护片　　图 4—31　贴吊带补强

（13）车鞋面饰线及贴车前饰片（见图 4—32）。先在鞋面上按定位线车出装饰线。再将眼织带折入鞋面内里内刀中，整理平整，离边 1.5 mm 车眼片外圈，要求车线均匀，按定位线车。

（14）按定位贴车饰片。要求距边 1.5 mm 车线，注意饰片用双针车，针间距 2 mm，帮脚处始终回车 2～3 针，无浮线跳线。

(15) 将前衬贴于鞋头，要贴平整，无皱褶（见图 4—33)。

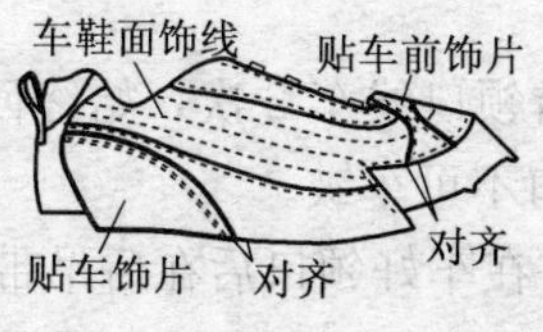

图 4—32 车鞋面饰线及贴车前饰片

图 4—33 贴前衬

(16) 按定位点贴车鞋头（见图 4—34)，中点对齐，离边 1.8 mm 车双线，线距 2 mm，针距 1 cm 为 3.5～4 针，帮脚处始终回车 2～3 针。

(17) 按定位点贴车后套（见图 4—34)，离边 1.5 mm 一致车线，帮脚处要求打 3～4 针回针。

(18) 车反口里时，先贴领口补强（见图 4—35)，然后在反口里两端离边 2 mm 一致跑圈均匀（3～4 针/cm)，起止回针 3 针，最后将内鞋口对准领口上缘，离边 2 mm，从领口一角最高弧度起针至另一角最高弧度收针，不断调整两者弧度，使弧度保持一致，左右齐高，始终回针 2～3 针。

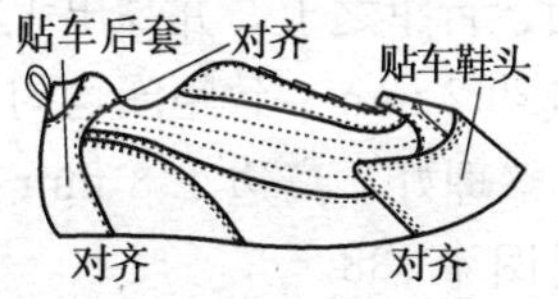

图 4—34 贴车鞋头和后套

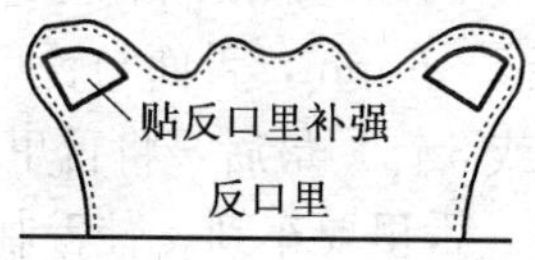

图 4—35 贴反口里补强

(19) 贴后衬（见图 4—36)。后衬离帮脚 8 mm 刷胶贴平整。

(20) 包海绵（见图 4—36)。海绵高出领口 5～6 mm 贴牢，待胶水烘干后，将内领口顺着领口、鞋口的弧度翻过去，海绵包结实、饱满，内领口贴平整。

至此，完成了除鞋舌以外的帮面组装。接下来要进行冲鞋眼、上鞋舌等后期帮面制作的工序。

(21) 车领口（见图 4—37）。沿领口线车 2 次，始终回针 2 针，车前要将领口拉平贴好，内鞋口不可车皱。

(22) 车后吊带（见图 4—37）。在车好领口后在后吊带下沿来回车 2 次，车透鞋里。

(23) 冲鞋眼（见图 4—37）。用适当型号的模具或冲子冲鞋眼，要打穿，眼屑要清除干净。

(24) 上鞋舌（见图 4—37）。将做好的鞋舌放端正车双线回车 2 针，间距 1.5～2 mm。

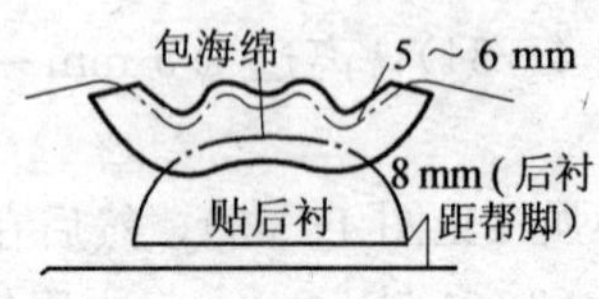

图 4—36 贴后衬和包海绵

图 4—37 后期帮面制作

上鞋舌前，要车好鞋舌，车时一般先在鞋舌反面贴穿孔带补强、鞋舌补强，按定位线和外露规格车穿孔带和舌饰片，在舌里贴车号码标，然后将舌海绵放在舌面、舌里之上，并高出古面和舌里 5～6 mm，舌面与舌里对齐，离边 2 mm 一致距圈均匀，回 2 针或 3 针。最后，将舌里翻出来，整理好，离边 1.8 mm 拼梭封口，舌里要车到。鞋舌制作流程见图 4—38。

(25) 完成了鞋帮的组装流程后要对帮面进行修边、剪线头、清洁鞋面等工作。

将眼口处多余的毛边修剪干净，不可剪断线或剪破面。剪掉帮面残留的线头，用水、酒精、橡胶块等进行擦拭，清洁鞋面。

最后请质量管理人员检查帮面，至此完成了整个帮面的制作。

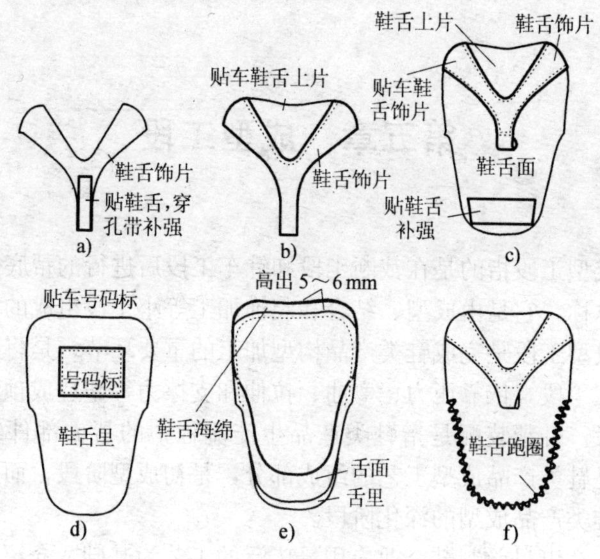

图 4—38 鞋舌制作流程

a）贴鞋舌，穿孔带补强 b）贴车鞋舌上片

c）贴车鞋舌饰片，贴鞋舌补强，车穿孔带

d）贴车号码标 e）包鞋舌海绵 f）鞋舌跑圈

习 题

1. 制帮工段常用的设备有哪些?
2. 常用针车的操作和日常维护包括哪些工作内容?
3. 简述制帮工艺的流程。
4. 制好的鞋帮需要检验哪些项目?
5. 运动鞋制帮的一般工序有哪些?

第五章　成型工段

成型工段指的是在裁断工段和针车工段后进行的帮底合成工序的总称，它是由成型、结合和装饰加工等小工段组成的。

成型工段是完成鞋类产品构型加工的重要环节，是将鞋帮通过加工手段，依靠压力、弯曲、拉伸和支撑力等塑造成预定形体的工段。鞋帮装配是指鞋类产品生产流程中的帮面部件组合加工，是鞋类产品成型工艺的组成部分，是初成型阶段，而成型工段是鞋类产品成型的深化阶段。

本章以目前制鞋企业应用最广泛的工艺为基础，介绍成型生产的相关知识。

第一节　成型车间生产设备的认识和使用

成型车间里最重要的成型设备有前帮机、后帮机、合底加热流水线、压合机、定型机等。下面介绍这些设备的使用操作规程和注意事项。

一、前帮机

前帮机（见图 5—1）最初被称为钳帮机，顾名思义，是通过钳子的机械作用对帮面进行绷帮操作的。后来随着工艺的细化，出现了不同的绷帮工序，所以，对设备的名称也细化为前帮机。前帮机能完成对整只鞋前帮部分的成型绷帮作业。前帮机多是采用油压机械传动的原理设计制造的。图5—2所示为前帮机

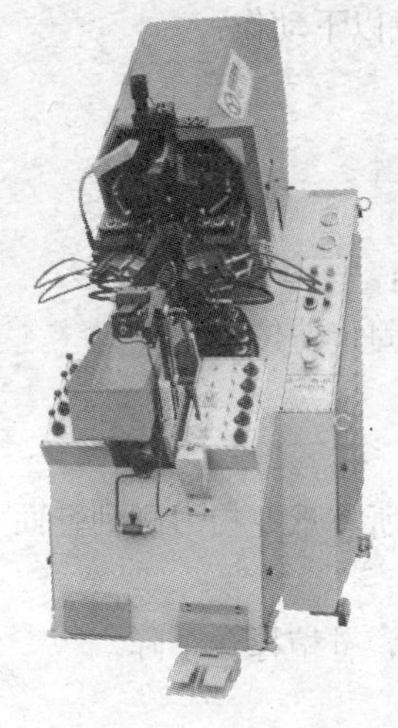

图 5—1　前帮机

图 5—2　前帮机绷楦

在进行前帮的绷楦操作。

1. 使用操作规程

（1）在开始操作之前，先润滑前帮机的滑动机件，并将松动的螺钉及管路接头拧紧。以后每周润滑滑动部分。

（2）转开热熔胶加热开关，使胶加热到 240℃并呈现熔解状态，才可以操作自动上胶（可选）。

（3）按规定和技术工艺要求调节和设定设备的各部件。

（4）油压系统的操作顺序：

第一阶段，踩控制踏板约 0.5 s，完成以下动作：

1）中爪夹紧（十字中心灯亮）。

2）第一次送胶动作（可选）。

第二阶段，踩住控制踏板，完成以下动作：

3）第 2、3、4、5 爪夹紧（放开脚踏开关）。

4）第 6、7 爪夹紧（可选）。

5）鞋楦撑台上升的动作。

第三阶段，踩控制踏板约 0.5 s，完成以下动作：

6）第二次送胶（可选）。

7）后跟顶座前进，碰到鞋楦后跟。

8）扫刀座下行到底，离开微动开关。

9）鞋楦束紧器及压边前进而夹紧鞋楦。

10）压头加压，将压力作用于鞋楦，固定楦位。

11）中心灯关闭。

12）中底撑台下降碰到微动开关。

13）扫刀前进，直到碰到微动开关，所有爪在扫刀碰到鞋面时放开，扫刀到位后停留几秒（可设定）。

14）达到所设定的时间，所有爪下降，鞋楦撑台下降。

15）绷完前帮的鞋自动落下。

2. 注意事项

（1）注意手势，避免手指放在绷帮爪内。

（2）禁止空车动作，试车时应有一鞋楦放在绷帮位置进行试车。

（3）出现异常时，立即踩紧急停止踏板停车。

二、后帮机

后帮机（见图 5—3）能完成对鞋类产品后帮的帮脚定型作业。

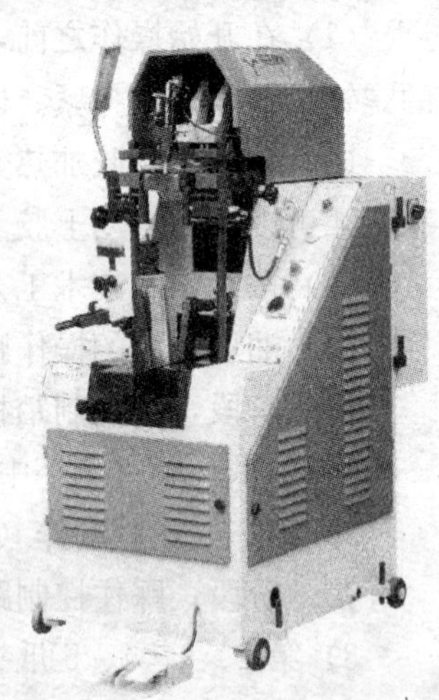

图 5—3　后帮机

1. 使用操作规程

（1）开机前每个润滑部位注入润滑油。

（2）按技术要求和规定调整和操作设备及设备的各个部件。

（3）半自动操作时油压系统的操作顺序：

第一阶段，踩操作踏板约0.5 s，

完成以下动作：

1）鞋楦撑台前进碰到定位开关时停止，动作改为上升，碰到工作高度定位杆时停止（同时再次前进至碰到鞋楦束紧器）。

2）鞋楦束紧器动作，束紧鞋楦后跟。

第二阶段，踩住操作踏板，完成以下动作：

3）鞋楦、定位杆、扫刀前进，碰到微动开关。

4）鞋楦束紧器放开，撑台二次压力上升，使绷帮的鞋面压紧，压着计时器开始计时。

第三阶段，踩停机踏板或压着计时器计时，完成以下动作：

5）扫刀打开，鞋楦撑台下移并复位，可将完成绷帮的鞋面取出。

全自动操作时踩动作脚踏开关，全部动作将自动连续进行，直到所有机件都回到原来的位置，以确保人员和鞋子的安全。

2. 注意事项

（1）无注胶操作时，将注胶头加热开关转到 0 的位置，则送胶或加热停止。

（2）手动射胶测试时，用一有手把的金属杯子将射胶头围住，以免喷胶时温度太高，而伤及操作人员。

（3）操作人员不可接触到胶头及热熔胶，以免烫伤。

三、合底加热流水线

成型生产主要完成的就是帮面与鞋底的贴合，所需要借助的设备就是如图 5—4 所示的合底加热流水线（成型工段）。图 5—5 中标示了成型加热贴底流水线的工位分布。

四、压合机

面底压合是鞋类产品在完成面底黏合之后的重要工序。通过压合，能解决手工贴底时面底之间胶黏不紧密的部位，使面底材料充分地黏合在一起，达到良好的效果。

图 5—4　合底加热流水线（成型工段）

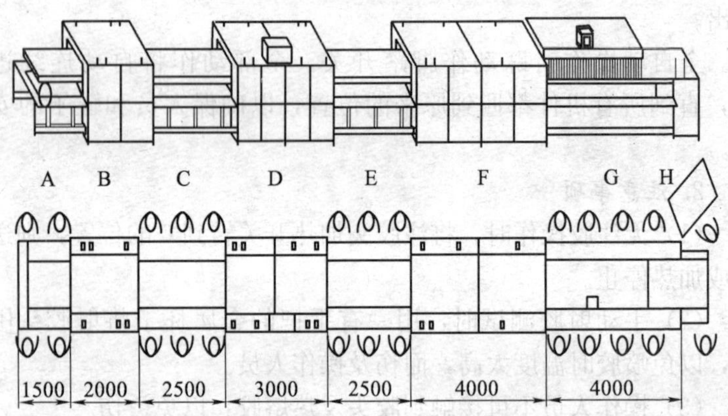

序号	名称	序号	名称
A	刷处理剂	E	刷二次胶
B	处理剂烘干	F	二次胶烘干
C	刷一次胶	G	贴合大底
D	一次胶烘干	H	压合大底

	处理剂烘干	一次胶烘干	二次胶烘干
上层电热	9.6	14.4	16.8
下层电热	16	24	28
上层电机	1.44	2.16	2.52
下层电机	1.44	2.16	2.52

单位：kW

图 5—5　成型加热贴底流水线的工位分布

制鞋企业常用的压合机有气压式与油压式两种系统设计。经过设备更新，压合机自动化程度有了很大提高，以前要用几种压合设备完成的工序，现在一种设备就可同时完成。

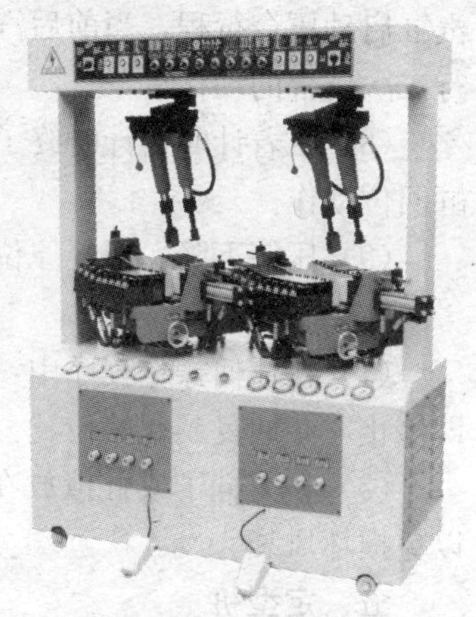

图 5—6　万能油压式压合机

图 5—6 所示的万能油压式压合机能够一次完成压底、压边及压前后帮的工序，或根据需要对个别工序单独完成，适于平底鞋、网球鞋、慢跑鞋及其他包边或包头的鞋。

图 5—7 所示为气动墙式压合机，是通过气压作用力的原理对贴底后的鞋类产品进行压合。下面以气动墙式压合机为例，简单介绍一下气动墙式压合机的使用。

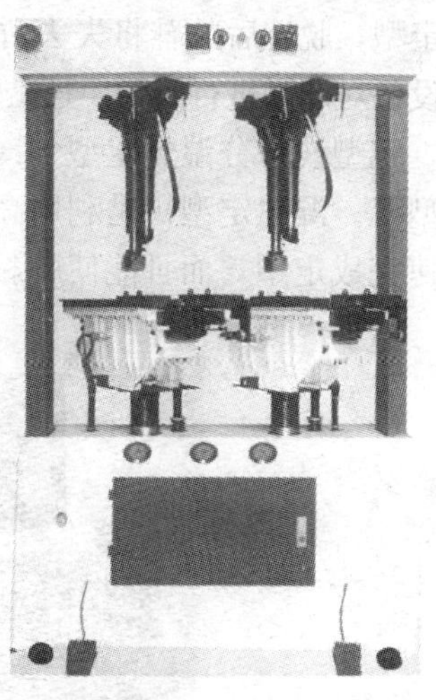

图 5—7　气动墙式压合机

1. 使用操作规程

（1）启动电源开关及电动机开关。

（2）启动空气压缩机的开关，并保证供气。

（3）根据鞋型设定好适当的压着时间和压力。

（4）将鞋子放入压箱内。

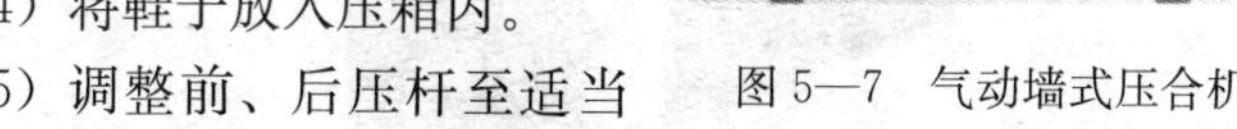

（5）调整前、后压杆至适当的位置。

（6）踏脚踏开关，压箱上升进行第一次压合。

（7）当压箱上升至鞋楦碰到压杆，触动续动开关，此时前后汽缸启动压合行程，当前后汽缸达到压合位置时，风袋及压箱进行二次压合的动作。

(8) 压着计时器计时终了，风袋内气体压力泄放，前后压汽缸回位动作。

(9) 压箱下降，回复原位。

2. 注意事项

(1) 在任何操作程序中，按下红色紧急按键，所有的动作立即停止，并回复到起始位置。

(2) 在无鞋子或鞋楦放在压合机中时，不能进行压合操作，以免损坏风袋。

五、定型机

鞋类产品在成型过程中，通过帮面材料的拉伸及鞋楦胎具塑型暂时固定了鞋的形体，但由于材料的弹性和可塑，如不对其进行定型，脱楦后的鞋将失去暂时固定的形体。因此，需要使用定型设备对产品进行定型，这是成型工艺中特别重要的一个环节。

定型设备分湿热定型与冷冻定型两种。图 5—8 所示为湿热定型机。湿热定型机是利用高速热风强对流的设计原理，使产品快速完成定型，而且能使胶黏剂的固化效果更佳。

图 5—8 湿热定型机

图 5—9 所示为冷冻定型机。在工业化的大生产中，产品的生产周期较之前大大缩短了。生产中不可能在加热定型之后花大量的时间去等待产品自然冷却。因此，企业中多配套有冷冻定型机。使用了冷冻定型机后不仅能提高鞋楦的周转率，实现一次快速脱楦，而且能使胶黏剂分子间更好地凝固、聚合，提高了鞋的剥离强度。

图 5—9 冷冻定型机

六、成型生产过程中常用的其他设备

1. 内底成型机

图 5—10 所示为内底成型机，它的作用是将内底压制成符合鞋楦底部曲面弧度的形状。

图 5—10 内底成型机

2. 港宝软化机

图 5—11 所示为港宝软化机，它的作用是自动将成型生产所需使用的前后港宝材料进行处理剂浸渍，以软化材料，增强材料的可塑性。

3. 脱楦机

图 5—12 所示为脱楦机，它的作用是自动完成成品鞋成型定型后的脱楦作业，能够降低操作人员的劳动强度。

图 5—11　港宝软化机

图 5—12　脱楦机

第二节　成型工段各工序

根据生产产品类型的不同，成型生产流水线一般有 60～100 人左右，一条 80 人的流水线每小时能生产 150～350 双成品鞋。运动鞋成型一般采用绷楦和套楦（入楦）两种方法。

一、成型生产流程

运动鞋成型生产流程见图 5—13。

二、成型流水线的一般工序

运动鞋成型流水线的一般工序如下：

1. 穿鞋带和鞋舌保护片、配面、配楦等

对眼套有织带用的帮面先用细铁丝连续穿过织带，然后用旧

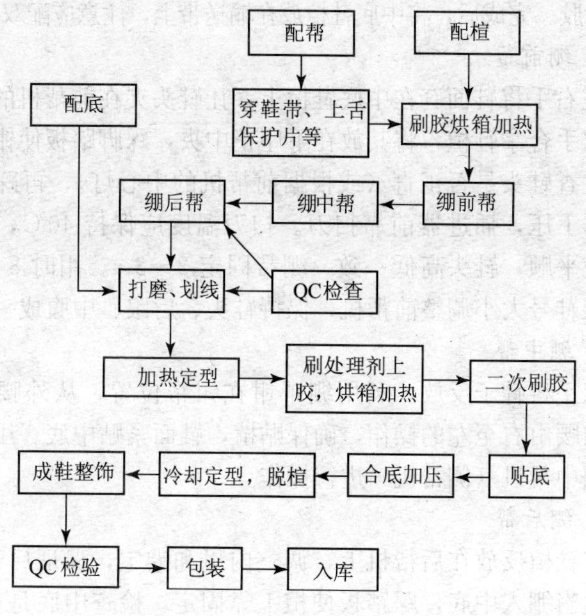

图 5—13　运动鞋成型生产流程

鞋带穿过细铁丝与织带的缝隙。完成帮面的准备，配面、配楦要注意相同型号和号码。

2. 刷港宝、面胶、中底糊

左手将内里翻开，右手拿直刷蘸处理剂均匀湿进港宝上层，配双放行，沿鞋面的帮脚、鞋楦和中底的周围均匀刷胶。

3. 烘干、后跟定型

鞋面、鞋楦和中底进入烘干箱，温度一般为 100℃，时间为 5 min。确认胶干燥，然后将鞋面放在后跟定型机的后跟样型上，拉住鞋头，调整适当的压力和温度，踩脚踏板使固定器夹住鞋面两侧，机型下压，用时 10 s 左右。

4. 贴中底，刷中底糊

左手拿鞋楦，右手拿中底，对准前头贴紧压牢。然后拿海绵刷蘸上天然橡胶液，在中底周围均匀涂胶，从内侧边缘由鞋头到后腰均匀涂胶。完成后，将中底鞋楦放在输送带上，注意应配双排列。

5. 绷前帮

左右手将鞋面套在中底鞋楦上，让鞋头夹在前帮机的预备器上，双手合拿鞋楦，将其放在下座正中央，踩脚踏板使钳夹住鞋头，检查鞋头是否正直（或根据前帮机的中心灯），再踩踏板使固定器下压，插进器前靠扫刀。扫刀温度应保持 40℃，绷好的鞋面应平顺，鞋头高低一致，绷帮固定 2～3 s。用时 8 s 左右，注意依鞋号大小调整前帮机，保持鞋头、后跟、中腹成一直线。

6. 绷中帮

双手将鞋子反放，利用绷帮钳在钳帮位置，从外腰由左至右，内腰由右至左的操作，确保贴楦，鞋面紧贴中底。用时 8 s，也可用中帮机（侧帮机）进行操作。

7. 绷后帮

将鞋楦反放在后帮机上，调整内里和港宝，保证后帮高度，使之适当绷入中底，踩踏板使楦上靠固定，检查中底是否水平，鞋楦是否垂直地面，再踩踏板启动扫刀，用时 5 s，绷帮必须平顺结实，绷后帮后绑紧鞋带以定型。

8. 划线、打磨

利用起毛机对前掌和后跟处的皱褶进行砂磨，磨平为止。接着用前头画线板对准鞋头中心划线，左右分清，然后踩划线机踏板使鞋面紧贴鞋底，用银笔划线，先划鞋头，再划后跟。有时直接利用鞋底划线。最后对与底接触的帮脚周围、后跟上方和鞋头打粗，不能超过划线位置。

9. 加硫定型

把配双的鞋子放在吊架上，顺着轨道进入加硫箱定型，每双用时 15 min，温度为 95～100℃。

10. 刷处理剂上胶，烘箱加热

用棉布夹子沿略高于划线位置刷处理剂，大底材料不同，要分别擦不同药水。然后均匀刷一次胶（先刷鞋头、再刷后跟），经过烘箱加热，一般温度为60～65℃，用时5～7 min。

11. 刷二次胶、烘干

二次刷胶应注意刷均匀，不要过量，在贴底时，胶水一定要完全干燥。

12. 合底加压

左手拿鞋面，鞋头在上，右手拿鞋底，先从鞋头贴起，贴于正中央，再将鞋倒向外腰，轻贴后跟部位，前后贴正确后，再贴中腹，然后按鞋面与大底的边缘用锤子按紧，外侧用锤子敲击几下使之牢固，最后利用压合机压合，压力约为250 N，时间6 s左右。

13. 冷却定型，出楦

冷却定型前，先用清胶器清除大底边缘线的溢胶处，再将配双的鞋子放在流水线上，顺着轨道进入冷却箱冷却定型，若用真空冷却温度设在0℃左右，不少于4 min，许多工厂仍使用风冷流水线，冷却时间为25～30 min，一般真皮鞋型在出冷却箱后的温度应在（23±2）℃，人造革鞋型在（28±2）℃。冷却定型后，解开鞋带，拔掉金属线和舌保护片，左手拿住鞋头，右手扶住后跟，倒放在脱楦机上，脚踩踏板，完成脱楦。

14. 成鞋整饰

脱楦后，用画笔在中底上刷胶，装上鞋垫，并在压鞋垫机上压实，然后用烘线机烘线头，绑鞋带，用针筒补胶并检验漏胶与否，最后用棉布蘸药水清洁鞋面，用胶块擦去残余胶水，并刷去粉尘。

15. 检验

总检应负责检验鞋的配双、溢胶、脱胶、清洁度、号码以及线头等。

16. 包装

将检验后的鞋子用药水清洁鞋底，根据顾客的要求，内盒贴上号码标，挂上品牌标签、价格标等，用包装纸正确包装，并放入干燥剂或涂上干燥液。根据配码正确装箱，送入成品库。

第三节　成型工序作业管理

成型车间的生产作业可分为 40 多道工序，每道工序都可作为一个岗位来进行设置与管理。本节介绍的 36 道工序是组成成型生产的主要工序，下面逐一介绍这些工序的管理重点。

一、鞋楦管制作业

1. 鞋楦入库检查：生产科长、技术人员。

2. 鞋楦保管者：生产单位。

3. 鞋楦领用程序：各科组长收到制造企划单（指令表），依所列鞋楦型到存放处领取所需型体、数量。

4. 鞋楦检查者：各流水线负责人。

5. 鞋楦检查周期：每一个月定期检查一次及使用前后各检查一次。

6. 不良鞋楦的处理方法：将不良鞋楦剔除，注明型体、号码、数量后，以千克为单位卖出，再补足所需数量。

7. 鞋楦验收：

（1）称质量。

（2）以布尺测各部位尺寸。

（3）以中底量鞋楦底。

（4）检查橡胶栓。

（5）检查鞋楦是否变形、破损。

8. 鞋楦使用规定事项：

（1）使用鞋楦时，不可用力抛掷碰损。

（2）必须控制适当鞋楦回转的数量。

（3）使用鞋楦时，必须按号码放置。

（4）使用前必须将鞋楦擦干净。

(5) 如果鞋楦变形或破损不得使用。

二、鞋楦处理作业

1. 新制的铝制鞋楦必须先经过洗净及打蜡处理。

2. 洗净作业：以约 200 L 的大汽油铁桶截成两半，盛装肥皂水清洗，加热使其达沸点，鞋楦在沸水中 10 min 后取出，用冷水清洗，然后以日光暴晒或烘干。

3. 打蜡处理：可以使用地板蜡、蜡块、脱模剂（水蜡）。

4. 在鞋楦后跟部位做定位线。

5. 检核打中底钉用的橡皮掉落与否。

三、鞋楦储存管制作业

1. 鞋楦存放架以角钢焊接而成，依实际需要分别做两层或三层。

2. 储放区的设置尽量避开日晒、雨淋及灰尘太多的地方。

3. 储存鞋楦时，应将型号及尺寸号码区分清楚后分别放在鞋楦车或鞋楦笼中，并标明尺码。

4. 鞋楦在光洁作业时较为方便，不可生锈或破裂。

5. 新鞋楦入库时一定要刷洗干净，并加以干燥备用。

四、放鞋楦作业

1. 放鞋楦时，可连鞋面、中底一起进行。

2. 放鞋楦的速度应一致，不可忽快忽慢。

3. 必须计算生产数量，批次生产结束后统计数量，交给生产管理人员。

4. 先生产内里颜色较深的鞋面，然后再生产较浅颜色的，以避免污染浅色的鞋面内里。

五、鞋弓作业

1. 鞋弓的使用必须依鞋的背脊肥度定制。

2. 依鞋面大小分为大、中、小三类使用。

3. 可将鞋弓分颜色使用。

4. 应在拔楦之前去掉鞋弓，以减少鞋舌皱褶。

六、中底整形作业

1. 中底的曲度必须与鞋楦的曲度相符合，以利于前帮作业。

2. 尤其是马靴、女式高跟鞋等鞋楦曲度变化较大的鞋类必须整形。

3. 中底整形作业时，整形的模具要依实际弯度及尺寸更换。

4. 整形的张数依材质不同而异。

5. 操作顺序：

（1）左手取中底，右手协助放在整形槽内。

（2）右手按开关使其作业。

（3）作业完成用左手取出中底后，将其放在铁架上。

七、硬化糊作业

1. 上硬化糊涂饰在鞋面内侧有增加鞋面硬度的功能。

2. 硬化糊加上 1/3 的黄糊后搅拌均匀再涂饰，效果良好。

3. 擦拭硬化糊时必须力求均匀。

4. 消除 X 射线的工作重点是将硬化糊涂抹在港宝的边缘。

5. 必须防止作业人员使用甲苯稀释硬化糊的做法。

6. 操作程序：

（1）右手取刷子蘸硬化糊。

（2）左手握鞋面，右手将内里掷开并上硬化糊。

（3）擦拭后，将鞋面放在流水线的输送带上。

八、钉中底作业

1. 中底与鞋楦须对正，中底与楦底的位置长短要符合。

2. 气枪钉必须对准钉位（上下鞋楦塞）。

3. 中底必须在鞋楦前缘凹入 1 mm 处固定。

4. 中底如稍长，以后踵部分为准。

5. 铁心弧度与鞋楦不符时，钉中底前，应用榔头加以修正。

6. 中底使用前必须贴合 6 磅细布，以利于绷帮。

7. 钉中底之前必须注意中底板的长度，如果不干燥，中底板可能会出现缩水的现象。

8. 整形后中底的弯幅与楦底的弯幅必须一致。

9. 打中底时，必须将空气枪的撞针磨短 1 mm，以便将来挖钉比较方便。

10. 钉中底作业必须成双作业。

11. 注意手指的操作安全。

12. 钉中底后，在鞋楦的鞋尖部位抹上脱模剂或水蜡，以降低鞋面的摩擦力。

13. 操作顺序：

（1）用左手从鞋楦车里取出鞋楦，并将其放在机架上。

（2）右手握空气枪。

（3）从工作台上取中底合于鞋楦。

（4）钉两颗钉。

（5）钉好中底后，将鞋的左右脚分别放在输送带上。

九、入后套作业

1. 确定放入衬料的位置，而且必须在港宝尚未软化之前放在定位（对准中心点放）。

2. 硬衬放入内里和鞋面时，内里不可呈皱褶状，与鞋统距 2 mm。

3. 为了软化港宝，必须在港宝软化前放定位，在甲苯内必须加上 2/3 的二氯甲烷。

4. 二氯甲烷（快干剂）的添加必须配合输送带的流速，若经烘箱后太早硬化，结帮时会发角或鼓风。

5. 如果必须加速港宝定型，宜从高温定型及冷冻箱温度来调整。

6. 由于有机溶剂容易挥发，因此，容器必须加防盖措施。

7. 保持鞋面的清洁度。

8. 最佳的作业方法为用夹子浸衬料于甲苯中，并放在海绵上吸湿，使后衬（前套）不会过湿，以利于放入后踵（前套）。

9. 如果后帮操作港宝变硬，应降低快干剂的比例。

10. 操作顺序：

（1）用左手自输送带取鞋面，将其放在工作台上。

（2）用右手自工作台上取后套，将其放入鞋面中。

（3）左手将港宝与鞋面压宽，右手将港宝与鞋面压实。

（4）将鞋面放在输送带上。

11. 必须依尺寸规定来放后套。

十、后踵整形作业

1. 制作满帮鞋及凉鞋有后帮者，宜使用后踵定型机。

2. 由于港宝溶点为 80℃，因此，温度必须开至 100℃。

3. 使用时，必须中心线对准鞋面的后踵中心线。

4. 女鞋的后港宝较长，在整形时应特别注意鞋面、内外腰的平顺，不要使港宝反折。

5. 整形模与鞋帮用的鞋楦肥度必须相符合。

6. 压着时间至少 4～5 s。

7. 合成革鞋面不可开楦模温度。

8. 楦模及压模内衬必须保持清洁。

9. 操作顺序：

（1）右手从物架取鞋面。

（2）将鞋面套上鞋楦座对齐。

（3）按下机身旁按钮。

（4）左手拿起鞋面交给右手，并将其放在物架上。

十一、中底刷胶作业

1. 注意擦拭均匀。

2. 由于白乳胶遇空气容易凝固，因此，擦拭使用泡棉或泡棉条。

3. 中底上胶涂布中底的周围，中间的部分不必上胶。

4. 中底上胶时不可污染鞋楦。

5. 中底有缺角不得上胶。

6. 如果中底没有号码，就不得上胶，以免钳帮作业困难。

7. 中底布若剥离不宜使用，以免钳帮作业困难。

8. 操作顺序：

（1）左手从输送带取鞋面。

（2）右手拿泡棉条。

（3）将泡棉条蘸胶后顺时针由外向内擦拭。

（4）作业完成后，将鞋面放在输送带上。

十二、鞋面上白胶作业

1. 注意擦拭范围的宽度，毛刷蘸胶涂在鞋面内侧鞋面上的平均宽度为 1.5 cm。

2. 必须保持鞋面内里清洁度。

3. 涂布时必须适量。

4. 涂布时必须均匀，不可过稀或过浓。

5. 作业时左手拿鞋面，里裹向上。右手拿泡棉蘸胶液，沿鞋面里边缘擦拭胶液，作业后将鞋面放回输送带。

6. 鞋面放回输送带后，上胶部分必须朝上，而且不可重叠。

7. 鞋面不可碰到烘箱的电热管，以免发生火灾。

8. 上胶时，需要保持工作区域的整洁。

9. 胶碗以 8 分满为准。

10. 操作顺序：

（1）左手从输送带取鞋。

（2）右手拿刷子蘸胶后从边缘开始擦拭。

（3）作业完成后，用左手将鞋面放回输送带。

十三、烘箱施工作业

1. 绷帮组的烘箱作业温度在（65±5)℃。

2. 调整烘箱的温度条件如下：

（1）室内的常温。

（2）输送带的长度。

（3）输送带的流速。

（4）胶黏剂的种类。

3. 为了正确了解温度的最佳方法，大都以目视或手感来判断烘箱作业是否正常。

4. 烘箱温度不够或时间不足导致结帮时黏着效果不佳或胶水四溢。

5. 鞋面经过烘箱时高度不可超过入口处的高度。

6. 休息或停电时，必须关上烘箱电源。

十四、前帮作业

1. 必须注意钳帮机的温度、撑台高度和爪子弧度。

2. 结帮压力为 300～350 N。

3. 压着时间必须在 4 s 以上。

4. 前帮的帮面与帮脚不得起皱，鞋头高度必须对称。

5. 注意内撑台太高则扫到中底，太低鞋不漂亮。

6. 绷鞋时不得反折内里。

7. 绷鞋时十字中心线必须对准鞋面中心。

8. 绷鞋时必须注意钳入部分是否均匀（约 12～15 mm）。

9. 如果鞋面太紧时必先预帮，以利于操作。

10. 绷完鞋面后，必须将鞋平放在输送带上，不可随手丢，以免碰伤鞋面。

11. 单机操作左右脚，操作时必须随时检核，鞋头高度必须一致，若双机操作，则两位前帮操作员在更换尺寸时必须互检，鞋头的高度必须一致。

12. 结帮前必须将胶纸（PE 纸）放在鞋楦的后部，以防拔楦时弄脏或弄破内里。

13. 操作顺序：

（1）左手拿鞋面，右手拿鞋楦。

（2）将鞋面放在鞋楦上，用右手将胶纸（PE 纸）放在后踵内里。

（3）将鞋面及鞋楦放在撑台上。

（4）右脚踏脚踏板，开始作业。

(5) 作业完成后左手将鞋放回输送带。

十五、中帮作业

1. 必须将帮面拉实，并整理平顺。

2. 帮面不可太紧。

3. 绷中帮之前必须先检核内里，使其高于楦底。

4. 保持鞋面清洁度。

5. 注意内外腰的定点位置。

6. 帮脚必须平整，不可蓬松，内里、港宝必须钳入中底。

7. 操作顺序：

(1) 左手拿鞋。

(2) 钳帮部位朝上，左手放鞋尖，右手放后踵。

(3) 以顺时针方向操作。

(4) 作业完成后左手拿鞋放回输送带。

十六、后帮作业

1. 后踵的高度必须与鞋楦后踵定位线保持一致。

2. 钳帮时不得发角。

3. 后跟必须正直，不得偏斜。

4. 压着时间必须在 4 s 以上。

5. 后港宝必须钳入，否则容易造成软角。

6. 保持鞋面清洁度。

7. 如果后帮作业人员负责拔钉，则拔钉作业必须切实完成。

8. 后帮作业时，若后踵部位帮脚黏在中底上，应以手剥开，使后踵钳帮位部呈圆弧状，以利于绷帮。

9. 由于后帮作业易造成生产瓶颈，后衬若硬化需要重新擦拭甲苯，以利于作业。

10. 在后合缝处钉钉子，以保持后踵的高度。

11. 操作顺序：

(1) 用左手将鞋楦反放在推动杆上。

(2) 右脚踏脚踏板开始作业。

（3）作业完成后，用左手将鞋放在输送带上。

十七、烫头作业

1. 鞋面材质为 PVC 舒美绒及珊瑚绒在加硫前最好增设烫头作业。

2. 使用电热炉时，必须烘到冒烟时方能见效。

3. 烫头作业必须使用抽风机将烟排出厂外。

4. 操作顺序：

（1）左手取鞋，右手按鞋头上端。

（2）用力均匀，并进行烫头作业。

（3）以目视检查鞋尖钳帮部位平整后，用左手放在输送带上。

十八、拔钉作业

1. 必须使用扁钳拔除，中底钉拔除必须彻底。

2. 拔钉作业时不可碰伤鞋面。

3. 必须利用磁铁随时吸中底钉，以保持工作场所的整洁。

4. 拔钉后鞋必须平放在输送带上。

5. 操作顺序：

（1）左手取鞋，右手从工作台上拿扁钳。

（2）楦底朝上，将后跟靠工作桌，先拔上钉后拔下钉。

（3）拔完钉后，将鞋楦放回输送带。

十九、磨边及打粗作业

1. 磨边及打粗作业分为下列四种情形：

（1）真皮：打粗时，使用金属刷子或砂轮。

（2）反毛皮：需要轻微打粗。

（3）PVC 皮料：使用处理剂擦拭。

（4）PU 皮料：必须将表面 PU 膜打粗，或用 PU 处理剂。

2. 打粗的注意事项：

（1）所有的鞋面表面必须沿着边缘打粗。

（2）打粗时不得超过钳帮缘。

（3）打粗作业必须均匀。

3. 操作顺序：

（1）左手从输送带上取鞋面。

（2）将鞋楦底部朝砂轮方向。

（3）左手按后踵，右手按背脊（鞋口）。

（4）从鞋尖部位顺时针方向打粗。

（5）作业完成后，以左手放回输送带。

二十、高温定型作业

1. 只有经过品检检验合格的鞋才可放入箱内。

2. 必须配双作业，不得单只鞋进入。

3. 放入时必须量放整齐，勿使靠边或重量不均匀而影响作业。

4. 加硫的时间和温度应在试做时根据不同的鞋型做好测试记录，确定最佳的加硫时间、温度，以达到最好的定型效果。

5. 加硫时间正常为 40～45 min，温度为 90～110℃。

6. 加硫时间：

（1）拖凉鞋 15～30 min。

（2）运动鞋 25～35 min。

（3）马靴 35～65 min。

7. 马靴定型踏板需校正，方可加硫。

8. 必须依照规定操作，否则胶皮会过热受损。

9. 烘箱作业前擦拭鞋面，以保持清洁度。

二十一、有机溶剂操作方法

1. 有机溶剂的操作方法必须与厂商研究确定。

2. 必须与胶水供应商共同协商使用何种药水，并作分析记录，以供大生产参考。

3. 确定胶水与硬化剂的比例，并用量杯来量硬化剂的用量。

4. 如果胶水使用量很大，应由专门负责胶水管理人员来调配胶水，以节省胶水用量。

5. 胶桶开罐后应注明开罐日期，必须制定开罐后的有效期限。

6. 操作人员将胶水倒入胶碗后，应立即盖上盖子。

二十二、划线作业

1. 必须用水解笔划线。

2. 鞋面、大底必须配双作业。

3. 划线时，必须面底贴实，而且上下左右不得歪斜。

4. 有边墙部分必须注意手势，划线时必须贴大底边墙。

5. 划线时，鞋头钳帮部位不得爆开。

6. 操作顺序：

（1）用右手从输送带拿鞋面。

（2）左手拿大底。

（3）鞋面放入大底。机器操作时鞋面放入划线机内。以手握大底时，左手握大底、右手划线。

（4）右手以顺时针方向从鞋头部位开始划线。

（5）作业完成后，用左手将鞋面放在输送带上。

二十三、面药水处理作业

1. 擦拭处理剂时，药水要从边缘往内擦拭。

2. 擦拭棉布（白色）平均 15 双换一次。

3. 操作顺序：

（1）拿起要处理的鞋面，检查是否结帮后的合格品。

（2）在纱布上轻蘸药水，在容器旁边停顿一下，倒拿面，全面擦拭一次。

（3）处理完后，左手将鞋面放在输送带上（面朝上）。

（4）必须依规定使用药水，而且必须用力来回往复地擦拭，不可轻轻一抹。

4. 擦拭时，如果药水洒到鞋面上，必须立即用纱布擦掉。

二十四、底药水处理作业

1. 擦拭处理剂不得溢出大底贴合线以外的位置。

2. 擦拭大底棉布平均 15 双换一次。

3. 药水处理后不可存放太久。

4. 药水不可外溢，以免大底颜色脱落。

5. 擦拭药水时应从边缘往内进行。

6. 操作顺序：

（1）右手拿夹子夹住处理纱布并轻蘸药水，在容器旁边停顿一下，倒拿大底擦拭药水。

（2）药水处理完后，用左手将大底放在输送带上。

（3）必须依据规定使用药水，而且必须用力来回往复地擦拭，不可只轻轻地抹一下。

二十五、上面胶作业

1. 依据中底（划线弧）的轮廓擦拭，不可太高或太低。

2. 不可溢胶（上胶胶水不得溢出 1 mm）。

3. 注意用量必须一致。

4. 注意擦拭必须均匀。

5. 保持鞋面清洁度。

6. 注意气温、湿度调配固化剂的混合比例。

7. 上胶时，按从边缘往内的顺序进行。

8. 倒胶水一次 8 分满。

9. 胶碗于每天下班前必须清洗一次，残胶应集中处理。

10. 严禁接触烟火。

11. 如果鞋面爆开不得上胶，必须重新修整，药水未干不得涂胶。

12. 擦胶时，必须完全剔除中底钉。

13. 操作顺序：

（1）左手从输送带取鞋。

（2）右手用刷子蘸胶后，从外缘开始涂刷。

（3）左手将鞋放回输送带。

二十六、上底胶作业

1. 依据大底的轮廓，擦拭不可太高或太低。

2. 不可溢胶。

3. 用量必须一致。

4. 擦拭必须均匀，药水未干不得涂胶。

5. 保持大底的清洁度。

6. 操作顺序：

（1）左手从输送带取大底。

（2）右手用刷子蘸胶后，从外缘开始涂布。

（3）用左手将鞋底放回输送带。

二十七、贴底作业

1. 贴合前先看准部位，必须一次就贴合成功。

2. 贴合速度应保一致，不可使得贴合鞋子堆积避免超过黏性维持时间，再予贴合。

3. 鞋底如较大，可先贴四周，把多余的部分挤压在中间。

4. 贴底如需加入铁心必须将位置摆正，不可歪斜。

5. 大底或鞋面如有不良品均不可贴底。

6. 贴底必须贴正，不得歪斜，有沿条或边墙的正贴，女鞋反贴。

7. 边缘必须紧密贴合。

8. 保持工作台的整洁与手部的干净。

9. 操作顺序：

（1）左手从输送带取鞋面。

（2）右手从输送带取底。

（3）大底放在下面，鞋面放在上面，从鞋头开始贴底。

（4）贴底时以目视查核面底必须对正。

（5）贴合后用双手挤压。

（6）用左手将鞋放回输送带。

二十八、压底作业

1. 必须注意压底时间与压力。

（1）压底时间：满帮鞋 9 s，凉拖鞋 6 s，运动鞋 8 s。

（2）压力必须大于 200～300 N/cm^2。

2. 注意压底杆距离的调整与平衡，预防鞋面被压破，压柱随柱头长短调整其位置。

3. 检视压底模垫的弧度，衬垫大小随鞋的大小更换使用。

4. 压底鞋楦必须摆正。

5. 将风袋压力调整为 25 N 左右，以不使材质变形为原则。

6. 压底之前必须检核大底是否贴正。

7. 压底时必须将鞋子摆正，以便将压力压在被接着面上。

8. 加压时应保持一定的速度，不可堆积鞋子，以免影响加压效果。

9. 有颗粒状大底时，必须依尺寸分左右脚制作出 PVC 压底凹模。

10. 压底时注意安全。

11. 操作顺序：

（1）左手从输送带上取鞋。

（2）右手握压底杆。

（3）左手将鞋舌外翻，右手握鞋。

（4）脚踏动作板，完成压合后，将鞋放在铁架上。

二十九、拔楦作业

1. 拔楦时不可压坏鞋面，必须依鞋楦选择正确的固定圆柱。

2. 拔楦动作必须正确，而且需保持内里不得破损。

3. 拔楦之前，必须确定鞋楦已完全冷却，前后硬衬达顾客标准。

4. 鞋楦拔完后，必须按尺码及左右脚放回原来的鞋楦车。

5. 鞋不可掉落地上。

6. 不可让鞋面碰到拔楦钩。

7. 拔楦时后踵内里的 PE 纸必须固定放，不可散落地上。

8. 拔鞋楦时鞋弓（鞋带）必须依规格尺寸放好，以利于后续作业。

9. 鞋楦车排列不超过四辆车。

10. 操作顺序：

(1) 左手从流水线上取鞋，并将鞋楦眼放在拔楦钩上。

(2) 将右手放鞋底后踵部位后脚踩踏板。

(3) 拔楦后，用左手将鞋子配双放在流水线上。

(4) 拔楦后，用右手将鞋楦根据号码抛入鞋楦车内。

三十、烘线头作业

1. 必须用剪刀修剪线头。

2. 必须将线毛头确实烧剪完全。

3. 不可损伤内里。

4. 烘线头时勿紧靠热风口，烧的时间不可太久，不可损坏鞋面。

三十一、鞋垫作业

1. 贴鞋垫时必须进行配双作业。

2. 必须保持鞋垫的清洁度。

3. 鞋垫必须平整，不得歪斜。

4. 鞋垫规格、尺寸必须依指令表规定。

5. 贴完鞋垫必须用手压实。

6. 鞋垫不良，无布标不得使用。

7. 操作顺序：

(1) 左手将鞋放在工作台上。

(2) 左手掀开鞋舌，右手拿鞋垫。

(3) 鞋垫用右手放入。用右手大拇指及中指抓住鞋垫中央。使鞋垫呈缩紧状。

(4) 平整放入，并用手压实。

(5) 作业完成后，用左手将鞋放回输送带。

三十二、整理鞋面鞋底作业

1. 左手拿起成双鞋子，放在工作板上，右手拿纱布蘸清洁剂。

2. 鞋的清洁度欠佳的部位应蘸清洁剂予以擦拭。

3. 如果鞋子蘸胶水太多或溢胶，可先用生胶片擦拭，再用清洁剂擦拭。

4. 必须经常换纱布，以保持清洁度。

5. 如果鞋面鞋底经过印刷、烫金，不得使用清洁剂。

三十三、塞纸团放定型纸板作业

1. 将配好双的鞋放在工作板上。

2. 根据鞋的号码大小，将定型纸板放入鞋内调整左右鞋型。

3. 拿起捏好的纸团放在定型纸板下，用手在鞋子两侧加压。

4. 放纸团时必须注意：

（1）纸团必须塞实。

（2）大小必须适中，不可太松，也不可太紧。

（3）纸的使用张数以能填满空间为原则。

5. 塞完纸团后，将配双鞋子整齐放回输送带。

三十四、折内盒作业

1. 注意内盒清洁度。

2. 注意鞋的颜色、鞋型必须与盒内的各项规格符合。

3. 内盒折边黏性必须好且无裂开。

4. 内盒折边棱角线必须明显。

三十五、包装作业

1. 将质检员检查合格的鞋紧贴标志卡。

2. 依要包装的鞋子号码，盖鞋盒号印。

3. 将包装纸平铺于盒底，放入一只鞋，用包装纸包上，然后放入另一只鞋，同样用包装纸包上。

4. 放入干燥剂。

5. 盖上盒盖。

6. 分别放在手推车上一定数目后送至大包装。

三十六、装箱捆包作业

1. 将外箱标示事项填入相应的外箱标签栏。

2. 将外箱底部折叠成箱形贴上胶布，排列整齐。

3. 按照 ASS. RT 的双数号码顺序装入鞋子。

4. 清点后，封外箱盖，并贴上胶布。

5. 钉封箱钉。

6. 用捆包带捆外箱。

7. 装上捆包铁扣。

8. 捆包完成后，放在指定位置待运。

第四节　运动鞋成型工艺流程实例

<table>
<tr><td>工序号</td><td>1</td><td>流程名称</td><td>穿鞋带</td><td>使用工具/设备</td><td></td><td>作业耗时</td><td>15 s</td></tr>
<tr><td>操作说明</td><td colspan="3">将鞋带穿过鞋眼孔</td><td rowspan="3">操作图示</td><td colspan="3" rowspan="3"></td></tr>
<tr><td>注意事项</td><td colspan="3"></td></tr>
<tr><td>质量标准</td><td colspan="3">鞋带应左右对称</td></tr>
</table>

工序号	2	流程名称	刷港宝	使用工具/设备	直刷	作业耗时	8～10 s
操作说明	以左手将内里翻开，右手拿直刷蘸上规定的港宝药水，均匀刷到港宝上层，配双后放行			操作图示	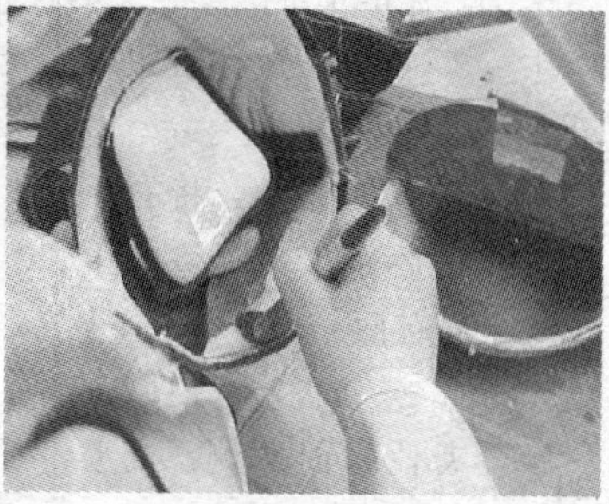		
注意事项							
质量标准	1. 港宝要刷均匀 2. 不要翻破内里						

工序号	3	流程名称	刷面胶、中底胶	使用工具/设备	毛刷	作业耗时	8～10 s
操作说明	1. 左手拿鞋面（鞋楦或中底），右手拿毛刷，蘸上面糊，在鞋面（中底）周围均匀涂胶 2. 完成后，将鞋面放在输运带上排列整齐			操作图示	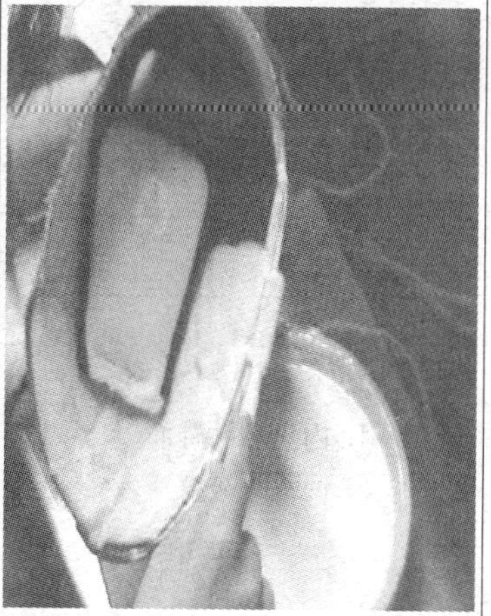		
注意事项	抹糊时，不得弄脏鞋面						
质量标准	1. 上胶平均宽度为10～12 mm，抹糊必须均匀 2. 胶黏剂必须加盖						

<table>
<tr><td>工序号</td><td>4</td><td>流程名称</td><td>烘干、后跟定型</td><td>使用工具/设备</td><td>后跟定型机、烘箱</td><td>作业耗时</td><td>10 s</td></tr>
<tr><td>操作说明</td><td colspan="3">1. 打开开关，调整压力，温度预备操作
2. 将鞋面放在后跟样型上
3. 拉住鞋头，将右手按在后跟上，调整内里顺贴鞋面
4. 踩踏板端，使固定器夹住鞋面两侧，机型下压
5. 将另一鞋面放在另一模型上，方法同上
6. 经过 10 s，压模上移，踩踏板前端使固定器移开，检查鞋面</td><td rowspan="3">操作图示</td><td colspan="3" rowspan="3"> 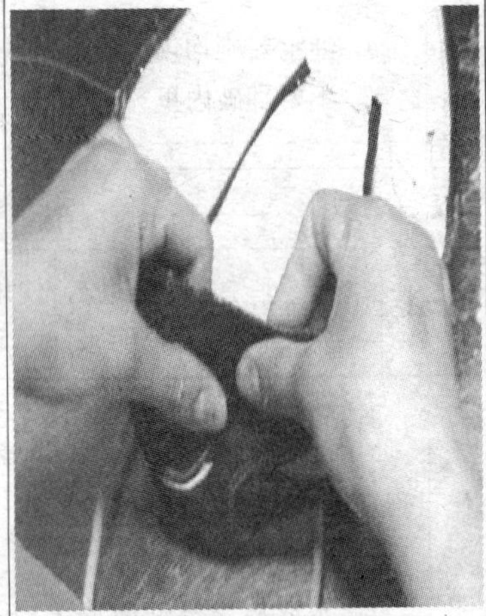</td></tr>
<tr><td>注意事项</td><td colspan="3">注意手指的安全</td></tr>
<tr><td>质量标准</td><td colspan="3">1. 内里顺贴鞋面
2. 内里无皱纹</td></tr>
</table>

<table>
<tr><td>工序号</td><td>5</td><td>流程名称</td><td>贴中底，刷中底糊</td><td>使用工具/设备</td><td>海绵刷</td><td>作业耗时</td><td>20 s</td></tr>
<tr><td>操作说明</td><td colspan="3">1. 左手拿鞋楦，右手拿中底，对准前头贴紧压牢
2. 后跟也对准贴紧压牢
3. 左手拿中底鞋楦，右手拿海绵刷蘸上天然橡胶液，在中底周围均匀涂胶，从内侧边缘由鞋头到后腰均匀涂胶
4. 将中底鞋楦放在输送带上，配双排列整齐</td><td rowspan="3">操作图示</td><td colspan="3" rowspan="3"> 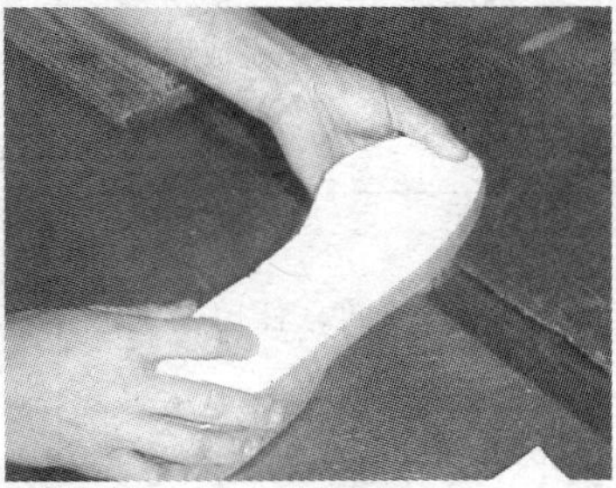</td></tr>
<tr><td>注意事项</td><td colspan="3">1. 中底勿串号，串色
2. 底完整无破损
3. 天然橡胶液必须涂抹均匀</td></tr>
<tr><td>质量标准</td><td colspan="3">天然橡胶液不要污染鞋楦</td></tr>
</table>

<table>
<tr><td>工序号</td><td>6</td><td>流程名称</td><td>前帮</td><td>使用工具/设备</td><td>前帮机</td><td>作业耗时</td><td>8 s</td></tr>
<tr><td>操作说明</td><td colspan="3">1. 左右手拿鞋面，将鞋头夹在预备器上
2. 双手合拿鞋楦，将鞋放在下座正中央
3. 踩踏板使绷帮钳夹住鞋头
4. 检查鞋头是否正直，再踩踏板使固定器下压，插进器后前靠紧后跟，钳帮扫刀合并完成鞋帮</td><td rowspan="3">操作图示</td><td colspan="3" rowspan="3"> </td></tr>
<tr><td>注意事项</td><td colspan="3">1. 鞋面、鞋楦、中底必须同号
2. 注意手指的安全
3. 依鞋号的大小调整前帮机</td></tr>
<tr><td>质量标准</td><td colspan="3">1. 鞋头、后跟、中腹成一直线
2. 鞋头不起皱纹
3. 鞋头大小要一致</td></tr>
</table>

<table>
<tr><td>工序号</td><td>7</td><td>流程名称</td><td>中帮</td><td>使用工具/设备</td><td>中帮机</td><td>作业耗时</td><td>8 s</td></tr>
<tr><td>操作说明</td><td colspan="3">1. 双手将鞋子反放在钳帮位置，外腰由左至右，内腰由右至左操作
2. 查看中腹是否歪斜，中帮是否结实，然后放在输送带上</td><td rowspan="3">操作图示</td><td colspan="3" rowspan="3"> 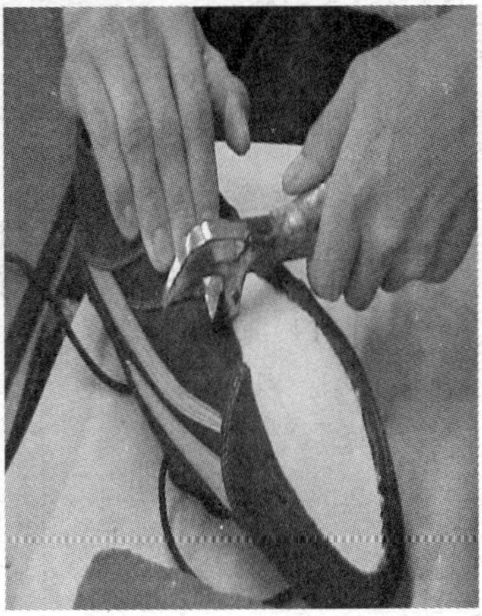</td></tr>
<tr><td>注意事项</td><td colspan="3">1. 小心勿打伤手指
2. 结中帮前先检查鞋头是否平直</td></tr>
<tr><td>质量标准</td><td colspan="3">鞋面必须紧贴中底</td></tr>
</table>

<table>
<tr><td>工序号</td><td>8</td><td>流程名称</td><td>后帮</td><td>使用工具/设备</td><td>后帮机</td><td>作业耗时</td><td>5 s</td></tr>
<tr><td>操作说明</td><td colspan="3">1. 将鞋楦反放在后帮机上，调整内里和港宝，使之能适当绷入中底
2. 踩踏板使楦上靠固定，检查中底是否水平，鞋楦是否垂地
3. 踩踏板使后帮机型夹住钳帮扫刀合并，完成作业</td><td rowspan="3">操作图示</td><td rowspan="3" colspan="3"> </td></tr>
<tr><td>注意事项</td><td colspan="3">1. 使用前先调整温度
2. 操作时如发现内里起皱，送回修改
3. 定型后鞋楦退回，以铁锤将未牢固的部位打平</td></tr>
<tr><td>质量标准</td><td colspan="3">后帮必须结实</td></tr>
</table>

<table>
<tr><td>工序号</td><td>9</td><td>流程名称</td><td>绑鞋带</td><td>使用工具/设备</td><td></td><td>作业耗时</td><td>8 s</td></tr>
<tr><td>操作说明</td><td colspan="3">1. 从流水线上拿起成型的鞋子，将鞋子、鞋舌放正
2. 从前往后束紧鞋带</td><td rowspan="3">操作图示</td><td rowspan="3" colspan="3"> 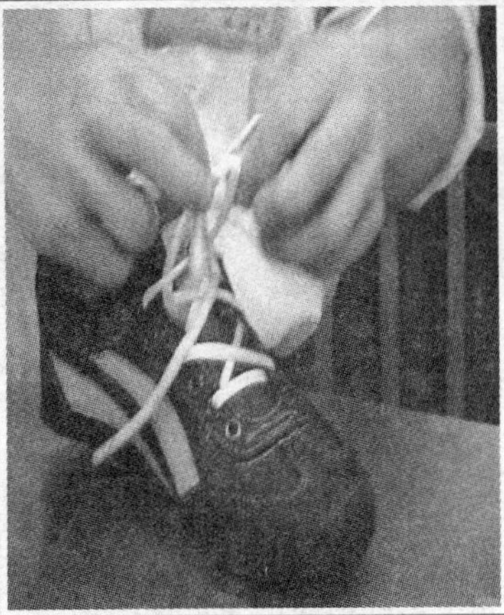</td></tr>
<tr><td>注意事项</td><td colspan="3">1. 鞋舌一定要放正
2. 不能压住舌标</td></tr>
<tr><td>质量标准</td><td colspan="3">要系紧鞋带，鞋带不能松弛</td></tr>
</table>

<table>
<tr><td>工序号</td><td>10</td><td>流程名称</td><td>划线</td><td>使用工具/设备</td><td>划线机</td><td>作业耗时</td><td>10 s</td></tr>
<tr><td>操作说明</td><td colspan="3">1. 核对鞋面和鞋底号码是否相同，将鞋楦和鞋底密合，再放在划线机上，踩踏板使鞋面紧贴于鞋底，才可用银笔划线，先划鞋头，再划后跟
2. 完成后查看是否平直</td><td rowspan="3">操作图示</td><td rowspan="3" colspan="3"> 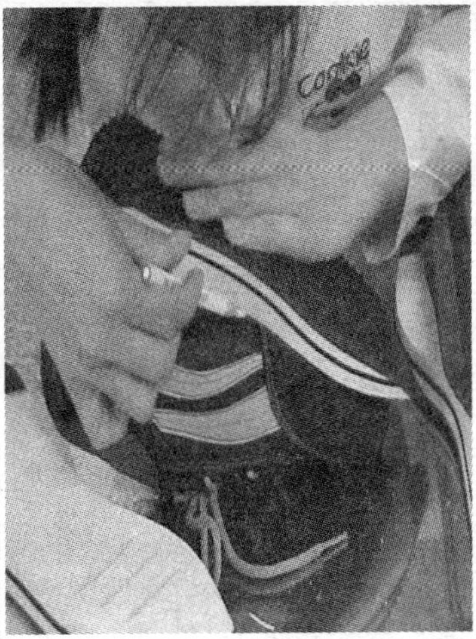</td></tr>
<tr><td>注意事项</td><td colspan="3"></td></tr>
<tr><td>质量标准</td><td colspan="3">1. 操作时，记号线清晰即可，笔不可太粗
2. 操作时，握笔的方向必须一致</td></tr>
</table>

<table>
<tr><td>工序号</td><td>11</td><td>流程名称</td><td>加硫定型</td><td>使用工具/设备</td><td>加硫箱</td><td>作业耗时</td><td>15 min</td></tr>
<tr><td>操作说明</td><td colspan="3">把配双的鞋放在加硫箱流水线上，沿着轨道进入加硫箱，进行加硫定型</td><td rowspan="3">操作图示</td><td colspan="3" rowspan="3"> 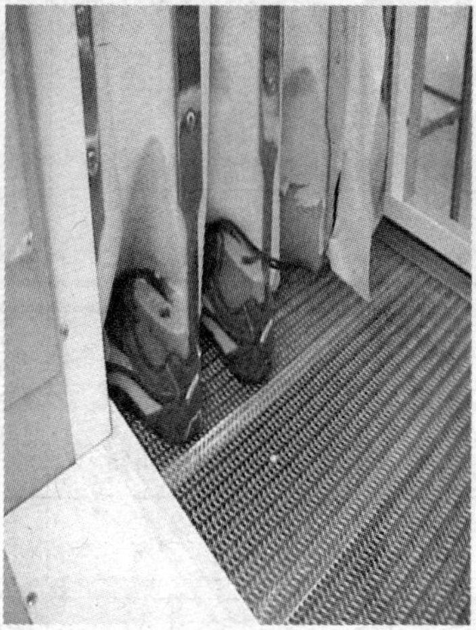</td></tr>
<tr><td>注意事项</td><td colspan="3">1. 鞋要配双
2. 要对准加硫箱入口</td></tr>
<tr><td>质量标准</td><td colspan="3">1. 温度 95～100℃
2. 时间 15 min</td></tr>
</table>

<table>
<tr><td>工序号</td><td>12</td><td>流程名称</td><td>刷处理剂</td><td>使用工具/设备</td><td>棉布夹子</td><td>作业耗时</td><td>15 s</td></tr>
<tr><td>操作说明</td><td colspan="3">左手拿鞋底，用棉布夹子轻蘸处理剂，处理均匀</td><td rowspan="3">操作图示</td><td colspan="3" rowspan="3"> 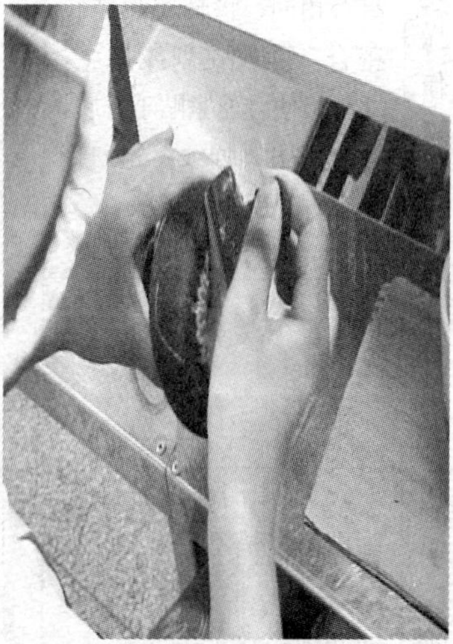</td></tr>
<tr><td>注意事项</td><td colspan="3">由于大底材料不同，要分别擦不同处理剂</td></tr>
<tr><td>质量标准</td><td colspan="3"></td></tr>
</table>

<table>
<tr><td>工序号</td><td>13</td><td>流程名称</td><td>刷一次胶,烘干</td><td>使用工具/设备</td><td>毛刷、烘干机</td><td>作业耗时</td><td>5～7 min</td></tr>
<tr><td>操作说明</td><td colspan="3">1. 左手正握鞋面、鞋底，右手拿毛刷
2. 轻蘸胶水后，先刷鞋头，再刷后跟（鞋底方法相同）
3. 用毛刷刷中底部分</td><td rowspan="3">操作图示</td><td colspan="3" rowspan="3"></td></tr>
<tr><td>注意事项</td><td colspan="3">1. 胶水不要污染鞋面
2. 根据鞋的不同类型，刷一次或二次胶</td></tr>
<tr><td>质量标准</td><td colspan="3">1. 根据划线刷胶，不可刷过
2. 要往复刷胶</td></tr>
</table>

<table>
<tr><td>工序号</td><td>14</td><td>流程名称</td><td>刷二次胶,烘干</td><td>使用工具/设备</td><td>毛刷、烘干机</td><td>作业耗时</td><td>5～7 min</td></tr>
<tr><td>操作说明</td><td colspan="3">1. 左手正握鞋面、鞋底，右手拿毛刷
2. 轻蘸胶水后,先刷鞋头,再刷后跟(鞋底方法相同)
3. 用毛刷刷中底部分</td><td rowspan="3">操作图示</td><td colspan="3" rowspan="3">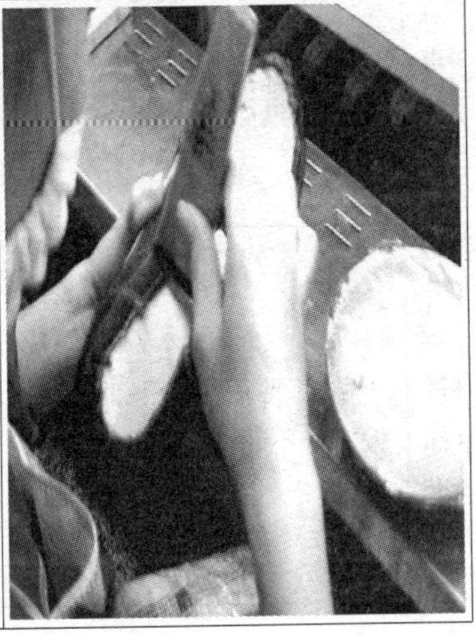</td></tr>
<tr><td>注意事项</td><td colspan="3">1. 胶水不要污染鞋面
2. 根据鞋的不同刷一次或二次胶</td></tr>
<tr><td>质量标准</td><td colspan="3">1. 不可刷过划线
2. 往复刷后要将多余的胶向一侧刷并清掉</td></tr>
</table>

<table>
<tr><td>工序号</td><td>15</td><td>流程名称</td><td>贴底</td><td>使用工具/设备</td><td>竹片</td><td>作业耗时</td><td>25 s</td></tr>
<tr><td>操作说明</td><td colspan="3">1. 左手拿鞋面，鞋头在上，右手拿鞋底
2. 从鞋头贴起，贴于正中央，不要歪斜
3. 将鞋子倒向顺外腰，再轻贴后跟部分
4. 前后贴正确后，再贴中腹</td><td rowspan="3">操作图示</td><td colspan="3" rowspan="3"> 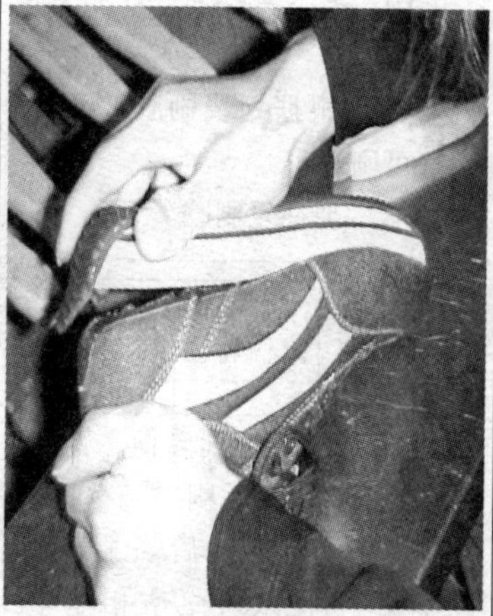</td></tr>
<tr><td>注意事项</td><td colspan="3">1. 鞋面、大底号码应统一
2. 不能露线</td></tr>
<tr><td>质量标准</td><td colspan="3">贴底要正中，不偏左偏右，不超前后</td></tr>
</table>

<table>
<tr><td>工序号</td><td>16</td><td>流程名称</td><td>压底</td><td>使用工具/设备</td><td>锤子、压条</td><td>作业耗时</td><td>10 s</td></tr>
<tr><td>操作说明</td><td colspan="3">1. 将贴底后的鞋子按鞋面与大底的边缘，用锤子按紧
2. 外侧应用锤子敲击数下，使之牢固</td><td rowspan="3">操作图示</td><td colspan="3" rowspan="3"> 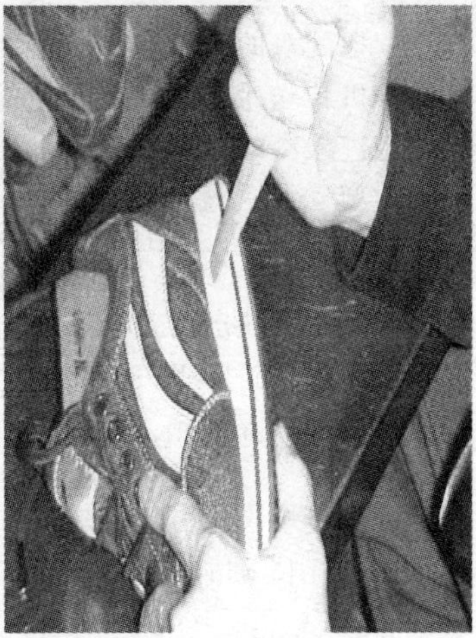</td></tr>
<tr><td>注意事项</td><td colspan="3">1. 鞋面与大底的结合部要贴牢
2. 鞋底完整，无破损</td></tr>
<tr><td>质量标准</td><td colspan="3">1. 不将大底压破损
2. 检验补胶</td></tr>
</table>

<table>
<tr><td>工序号</td><td>17</td><td>流程名称</td><td>压合大底</td><td>使用工具/设备</td><td>墙式油压机</td><td>作业耗时</td><td>10 s</td></tr>
<tr><td>操作说明</td><td colspan="3">1. 启动开关，调整压力，在压轴和顶点位置摆放正确的底模
2. 前后位置要放正确</td><td rowspan="3">操作图示</td><td colspan="3" rowspan="3"> 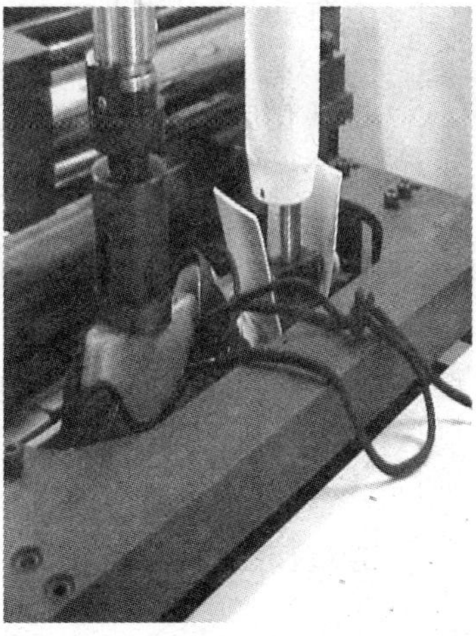</td></tr>
<tr><td>注意事项</td><td colspan="3">1. 鞋子要放正确
2. 注意手指安全</td></tr>
<tr><td>质量标准</td><td colspan="3">1. 整个鞋底和鞋面全密合，无空隙
2. 压力约为 250 N，时间约为 10 s</td></tr>
</table>

<table>
<tr><td>工序号</td><td>18</td><td>流程名称</td><td>冷却定型</td><td>使用工具/设备</td><td>冷却箱</td><td>作业耗时</td><td>15 min</td></tr>
<tr><td>操作说明</td><td colspan="3">把配双的鞋子放在冷却机传送带上，沿着轨道进入冷却箱进行冷却定型</td><td rowspan="3">操作图示</td><td rowspan="3" colspan="3"> 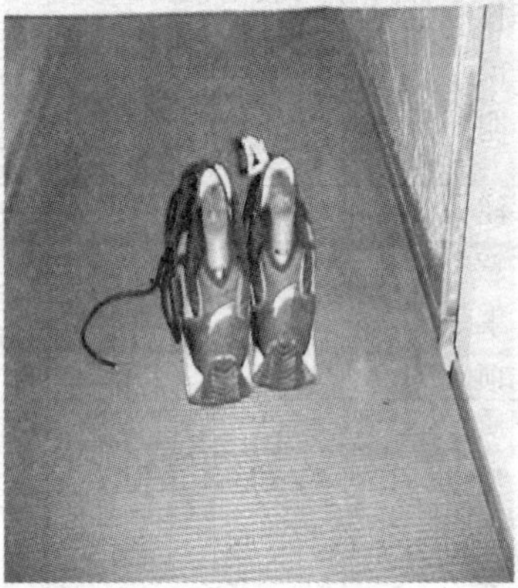</td></tr>
<tr><td>注意事项</td><td colspan="3">1. 鞋子要配双
2. 不要超出轨道定位，注意冷却箱门的开关规律，避免鞋子卡在门上</td></tr>
<tr><td>质量标准</td><td colspan="3">温度－5～－2℃，时间约为 15 min</td></tr>
</table>

<table>
<tr><td>工序号</td><td>19</td><td>流程名称</td><td>脱楦</td><td>使用工具/设备</td><td>脱楦机</td><td>作业耗时</td><td>10 s</td></tr>
<tr><td>操作说明</td><td colspan="3">1. 打开开关，预备操作
2. 以左手拿住鞋头，右手扶住后跟，倒放在脱楦机上
3. 脚踩踏板</td><td rowspan="3">操作图示</td><td rowspan="3" colspan="3"> 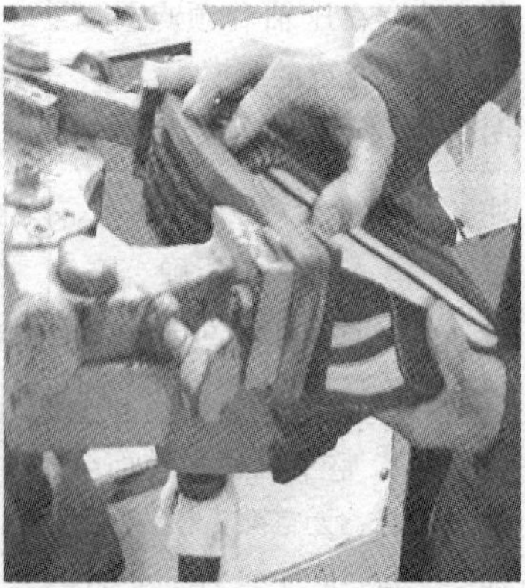</td></tr>
<tr><td>注意事项</td><td colspan="3">1. 脱楦时不要使面底受损
2. 脱楦前应先解开鞋带</td></tr>
<tr><td>质量标准</td><td colspan="3">.脱楦后配双放行</td></tr>
</table>

<table>
<tr><td>工序号</td><td>20</td><td>流程名称</td><td>刷衬底胶</td><td>使用工具/设备</td><td>胶刷（画笔）</td><td>作业耗时</td><td>8 s</td></tr>
<tr><td>操作说明</td><td colspan="3">1. 将配双的鞋子翻出鞋舌
2. 用画笔蘸胶水，在中底板上刷均匀
3. 配双后放行</td><td rowspan="3">操作图示</td><td rowspan="3" colspan="3"> 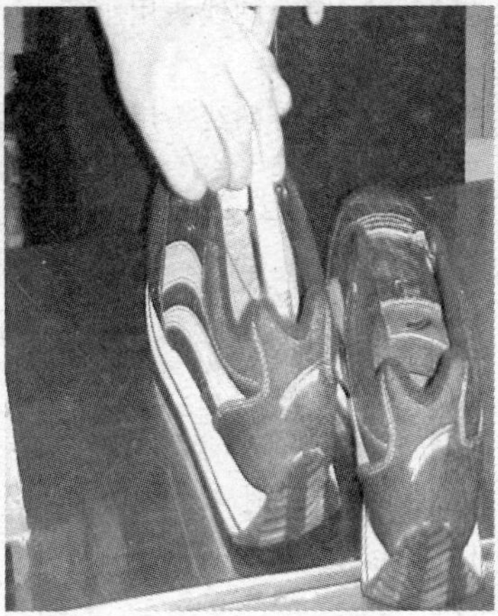</td></tr>
<tr><td>注意事项</td><td colspan="3">1. 刷胶不要污染鞋面
2. 鞋子不要错号</td></tr>
<tr><td>质量标准</td><td colspan="3">胶水应涂抹均匀</td></tr>
</table>

<table>
<tr><td>工序号</td><td>21</td><td>流程名称</td><td>上鞋垫</td><td>使用工具/设备</td><td>压衬底机</td><td>作业耗时</td><td>10 s</td></tr>
<tr><td>操作说明</td><td colspan="3">1. 将配双的鞋子翻出鞋舌
2. 对准号码上正确的鞋垫
3. 经过压衬底机压实</td><td rowspan="3">操作图示</td><td rowspan="3" colspan="3"> 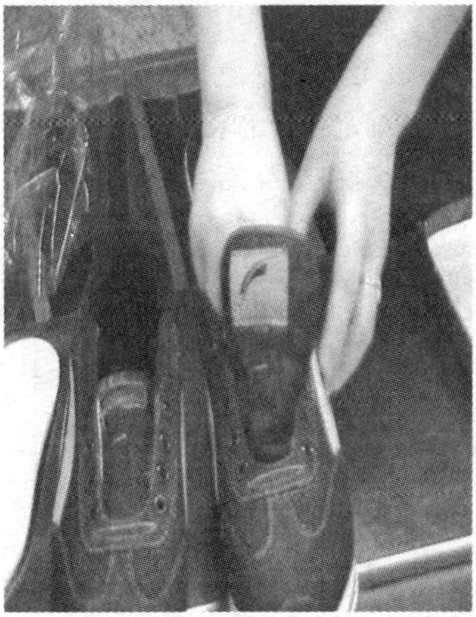</td></tr>
<tr><td>注意事项</td><td colspan="3">鞋垫不要错号，勿浮起、弯曲</td></tr>
<tr><td>质量标准</td><td colspan="3">鞋垫号码与鞋子号码一致</td></tr>
</table>

<table>
<tr><td>工序号</td><td>22</td><td>流程名称</td><td>烘线头</td><td>使用工具/设备</td><td>烘线机</td><td>作业耗时</td><td>15 s</td></tr>
<tr><td>操作说明</td><td colspan="3">1. 多余的线头用小剪刀剪短
2. 剩下的线头用烘线机烘掉</td><td rowspan="3">操作图示</td><td colspan="3" rowspan="3"> 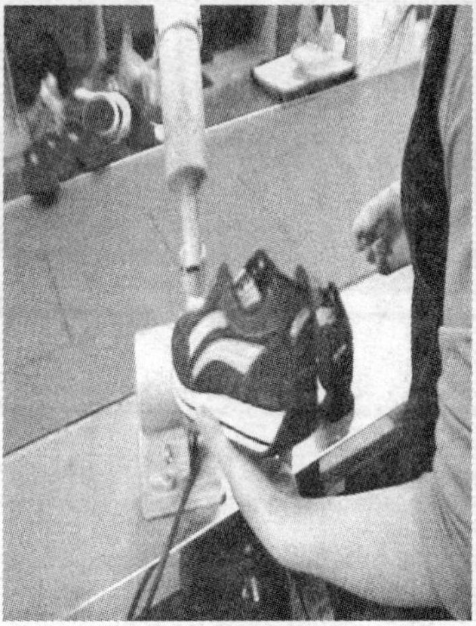</td></tr>
<tr><td>注意事项</td><td colspan="3">烘线头注意断线，鞋面泛黄</td></tr>
<tr><td>质量标准</td><td colspan="3">肉眼看时未发现过长的线头</td></tr>
</table>

<table>
<tr><td>工序号</td><td>23</td><td>流程名称</td><td>绑鞋带</td><td>使用工具/设备</td><td></td><td>作业耗时</td><td>25 s</td></tr>
<tr><td>操作说明</td><td colspan="3">1. 将配双的鞋子放好鞋舌
2. 根据顾客的要求，确定鞋带的长度和颜色，绑好鞋带
3. 配双后放行</td><td rowspan="3">操作图示</td><td colspan="3" rowspan="3"> 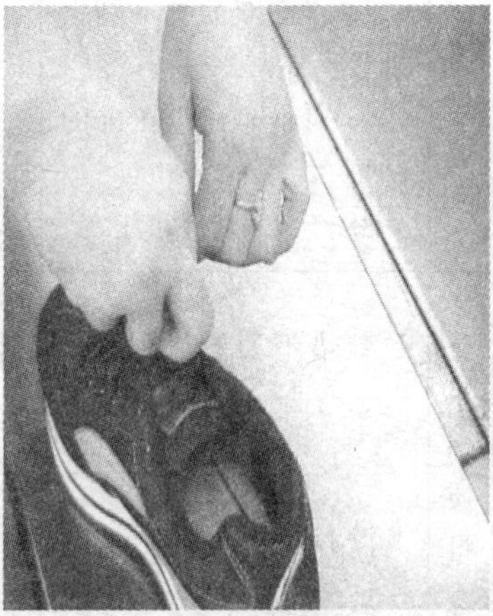</td></tr>
<tr><td>注意事项</td><td colspan="3">1. 不要串号绑鞋带
2. 根据顾客的要求，确定鞋带长度</td></tr>
<tr><td>质量标准</td><td colspan="3">绑完鞋带应使鞋子外观良好</td></tr>
</table>

工序号	24	流程名称	检验补胶	使用工具/设备	针筒	作业耗时	15 s
操作说明	1. 检验配双的鞋子补胶与否 2. 确有补胶贴上红标 3. 用针筒打入胶水，待干后压平			操作图示			
注意事项	1. 每一双鞋子都应检验到位，不要漏验 2. 补胶时不要使胶水污染鞋面						
质量标准	鞋子必须经过检验后方可放行						

工序号	25	流程名称	总检	使用工具/设备		作业耗时	20 s
操作说明	1. 检验配双的鞋的溢胶、脱胶、清洁度、号码、线头等 2. 检验无误后配双放行			操作图示			
注意事项	1. 检查鞋有无溢胶、脱胶，以及清洁度、号码、线头等 2. 后跟高度，前帮高度及前帮后帮有无歪斜						
质量标准	总检是对整双鞋的检验，要认真仔细						

<table>
<tr><td>工序号</td><td>26</td><td>流程名称</td><td>清洁大底</td><td>使用工具/设备</td><td></td><td>作业耗时</td><td>8 s</td></tr>
<tr><td>操作说明</td><td colspan="3">1. 将检验后的鞋子，用药水清洗鞋底
2. 放入鞋盒后放行</td><td rowspan="3">操作图示</td><td colspan="3" rowspan="3"> 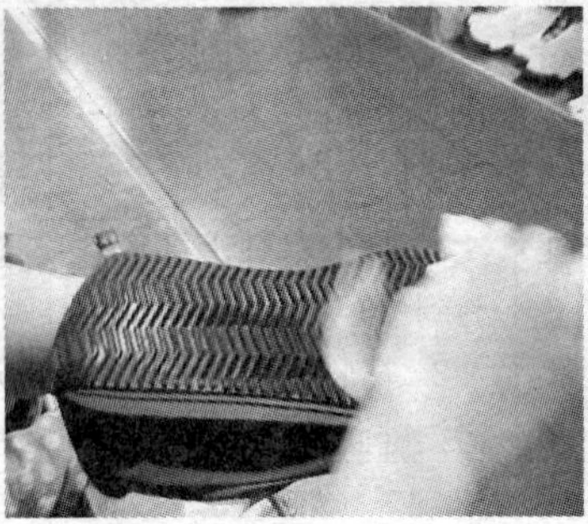</td></tr>
<tr><td>注意事项</td><td colspan="3">鞋底要清洁干净，不留余胶污渍</td></tr>
<tr><td>质量标准</td><td colspan="3">鞋底的清洁度与鞋面的清洁度同等重要</td></tr>
</table>

<table>
<tr><td>工序号</td><td>27</td><td>流程名称</td><td>挂吊牌、贴标</td><td>使用工具/设备</td><td></td><td>作业耗时</td><td>8 s</td></tr>
<tr><td>操作说明</td><td colspan="3">根据顾客要求，内盒贴上号码标，挂上品牌标签、价标等</td><td rowspan="3">操作图示</td><td colspan="3" rowspan="3"> 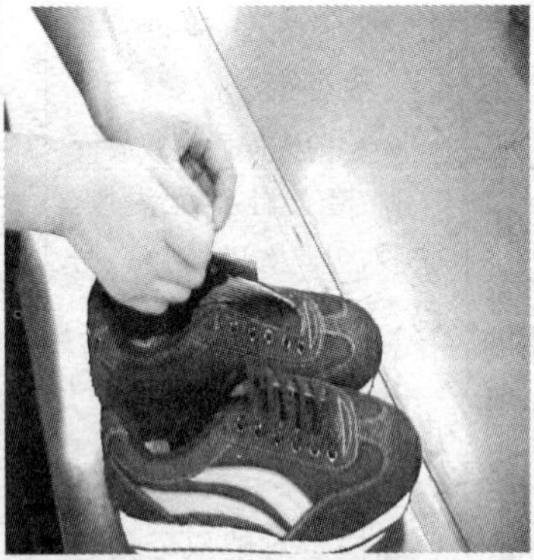</td></tr>
<tr><td>注意事项</td><td colspan="3">1. 内盒号码标与鞋子统一无误
2. 品牌标签、价标等勿掉</td></tr>
<tr><td>质量标准</td><td colspan="3">每一款新鞋子在大量生产前先制作一双，交给顾客确认</td></tr>
</table>

<table>
<tr><td>工序号</td><td>28</td><td>流程名称</td><td>包 装</td><td>使用工具/设备</td><td></td><td>作业耗时</td><td>15 s</td></tr>
<tr><td>操作说明</td><td colspan="3">根据顾客的要求，将挂完品牌标签后的鞋放入包装纸、干燥剂（或涂上干燥液），正确包装</td><td rowspan="3">操作图示</td><td colspan="3" rowspan="3"></td></tr>
<tr><td>注意事项</td><td colspan="3">1. 内盒号码标与鞋统一无误
2. 品牌标签、价标等勿掉
3. 检验鞋的完整性</td></tr>
<tr><td>质量标准</td><td colspan="3">每一款新鞋在大量生产前先制作一双，交给顾客确认</td></tr>
</table>

习 题

1. 成型工段常用的设备有哪些？
2. 成型的一般工艺流程包括哪些主要工序？
3. 前帮机的操作规程是什么？应注意哪些问题？
4. 压合机的操作规程是什么？应注意哪些问题？
5. 成型加热贴底流水线有哪些工序？

已出版的职业技能短期培训教材书目

社区服务类	
家庭服务基本技能	6.00 元
家庭钟点服务基本技能	6.00 元
月嫂服务实用技能	9.00 元
保安基础知识与技能	8.00 元
家庭保洁	7.00 元
婴幼儿护理	8.00 元
护理员基本技能	9.00 元
养老护理	6.00 元
社区保洁	7.00 元
社区绿化	10.00 元
社区保安	8.00 元
社区公共设备管理	8.00 元
物业电工基本技能	8.00 元
手工编织	9.00 元
社区房屋维修	7.00 元
社区管道设备维护	8.00 元
插花	9.00 元
餐饮酒店类	
餐厅服务基本技能	7.00 元
客房服务基本技能	6.00 元
烹饪基本技能	9.00 元
中式面点制作	7.00 元
西式面点制作	6.00 元
餐饮服务基本技能	12.00 元
烹饪原料加工基本技能	8.00 元
服装制作类	
服装制作基本技能	12.00 元
服装缝纫基本技能	5.00 元
服务加工基本技能	15.00 元
商业服务类	
超市仓库保管	7.00 元
超市收银	9.00 元
超市配送	10.00 元
制造与修理类	
电子装接工基本技能	7.00 元
司炉工基本技能	8.00 元
锅炉设备安装	8.00 元
挡车工基本技能	7.00 元
汽车修理基本技能	10.00 元
冷作钣金工基本技能	7.00 元
钳工基本技能	8.00 元
车工基本技能	8.00 元
铣工基本技能	8.00 元
磨工基本技能	12.00 元
镗工基本技能	8.00 元
锻造工基本技能	10.00 元
铸造工基本技能	7.00 元
维修电工基本技能	11.00 元
电工基本技能	11.00 元
电气设备安装工技能	15.00 元
美容与保健类	
美容基本技能	7.00 元
美发助理	5.00 元
美发基本技能	7.00 元
保健拔罐基本技能	7.00 元
保健按摩基本技能	6.00 元
手足修复	9.00 元
建筑与装饰类	
木工基本技能	8.00 元
钢筋工基本技能	7.00 元
瓦工基本技能	8.00 元
防水工基本技能	13.00 元
架子工基本技能	9.00 元
管道工基本技能	8.00 元
混凝土工基本技能	8.00 元
文秘与计算机类	
文秘基础知识与技能	12.00 元
文字录入与处理	8.00 元
计算机组装基本技能	11.00 元
Windows XP 入门与应用	7.00 元
Word 入门与应用	8.00 元
Excel 入门与应用	9.00 元
PowerPoint 入门与应用	8.00 元
FrontPage 入门与应用	8.00 元
Visual FoxPro 入门与应用	8.00 元
Outlook 入门与应用	8.00 元
Photoshop 入门与应用	10.00 元